LIÇÕES DE LIDERANÇA
SABEDORIA PARA FUTUROS LÍDERES

LIÇÕES DE LIDERANÇA

SABEDORIA PARA FUTUROS LÍDERES

BOB SEELERT
PRESIDENTE DA SAATCHI & SAATCHI

m.BOOKS

M.Books do Brasil Editora Ltda.

Rua Jorge Americano, 61 - Alto da Lapa
05083-130 - São Paulo - SP - Telefones: (11) 3645-0409/(11) 3645-0410
Fax: (11) 3832-0335 - e-mail: vendas@mbooks.com.br
www.mbooks.com.br

Dados de Catalogação na Publicação

Seelert, Bob.
Lições de Liderança. Sabedoria para Futuros Líderes/Bob Seelert.
2011 – São Paulo – M. Books do Brasil Editora Ltda.

1. Liderança   2. Recursos Humanos   3. Autodesenvolvimento   4. Negócios

ISBN: 978-85-7680-113-9

Do original: Start with the Answer. And Other Wisdom for Aspiring Leaders.
Original em inglês publicado pela John Wiley & Sons Inc.
©2009 Bob Seelert
©2011 M.Books do Brasil Editora Ltda.

Editor: Milton Mira de Assumpção Filho

Tradução: Maria Lúcia Rosa
Produção editorial: Lucimara Leal
Coordenação gráfica: Silas Camargo
Editoração: Crontec

2011
Proibida a reprodução total ou parcial.
Os infratores serão punidos na forma da lei.
Direitos exclusivos cedidos à
M.Books do Brasil Editora Ltda.

À minha esposa,

Sarah,

Que acompanhou cada passo de meu caminho.

Prefácio

Numa manhã ensolarada em Miami, há quatro anos, eu tinha a incumbência de fazer uma apresentação ao *board* da Saatchi & Saatchi para falar, entre outros assuntos, sobre os efeitos da crise que se abatera por todo o mundo e seus reflexos no Brasil.

Aproveitei a oportunidade e o momento para expor a todos os colegas presentes que em nosso país a situação mais recorrente nos últimos 30 anos eram, exatamente, crises das mais variadas espécies e tamanhos, cujos efeitos podíamos muitas vezes medir nos dias, meses, anos ou décadas seguintes.

Nosso sentimento de frustração – da minha geração em especial – de não poder enfrentar alguns desses abalos nos tornou mais empreendedores, mais inovadores, mais intuitivos.

Lembro que ilustrei minha fala com uma sequência de Os Simpsons em que todos conversam no avião pouco antes da aterrissagem no Brasil e são alertados por Bart: "Atenção, porque eles falam português, e não espanhol!".

Curiosamente, esse episódio ficou conhecido pelo fato de o governo brasileiro ter tentado impedir sua exibição aqui por considerá-lo ofensivo à nação.

Com tal cena procurei ilustrar o desconhecimento mundial a nosso respeito, depois avancei com dados sobre nossa formação multiétnica, sobre a pujança de muitos setores produtivos da economia e nossa capacidade inata de gerir os negócios numa "Terra de Contrastes" (tema da minha apresentação).

Quando terminei, percebi que meu recado estava dado: venha a crise que vier, estaremos preparados porque somos, na essência, criativos e persistentes.

No encerramento, depois das elogiosas palavras de Kevin Roberts, recebi o cumprimento de um senhor de ar austero, concentrado e muito, muito carinhoso: "Smart!", ouvi dele, estendendo a mão em minha direção.

Foi assim que conheci pessoalmente Bob Seelert.

Eu já ouvira falar dele em inúmeras outras passagens com colegas da agência fora do Brasil.

À noite, durante o jantar na Casa Casuarina, ele sentou-se ao meu lado e passamos a falar sobre diversas coisas. Seu nível de curiosidade e desprendimento me impressionou, ia de comentários prosaicos, desses que se fala em jantares desse tipo, até questões muito mais complexas sobre o futuro de nossa atividade como homens de comunicação de marcas.

Ou seja, ele estava ali comigo, interagindo, aprendendo e ensinando.

Depois, fui perceber ser essa a sua característica mais forte no contato com seus pares, como era no meu caso, ou com executivos-chave e suas equipes de modo geral.

A sua trajetória não deixa dúvida sobre o quanto ele aproveitou cada momento nas diversas e importantes empresas pelas quais passou, para sempre se preparar melhor para o que todo executivo em cargo de comando sabe, mas lhe tira o sono: o inesperado.

Quando todos os cenários projetados de repente sofrem uma guinada, seja para melhor ou pior.

Quando um funcionário-chave e de confiança de sua equipe simplesmente vira-lhe as costas para trabalhar no seu maior concorrente.

Quando uma catástrofe natural, como a de Fukushima, no Japão, ou um atentado terrorista, como no WTC, mudam as regras do jogo mundial.

Quando surge um WikiLeaks apresentando um lado obscuro do mundo corporativo e político.

Ou quando revisitamos Descartes depois das redes sociais e concluímos: "Apareço, logo existo."

Para todas essas intrincadas implicações no mundo dos grandes executivos, as palavras e os ensinamentos do Bob, sempre presentes no encerramento de cada capítulo deste livro, são como sussurros de sabedoria aprendida em anos de experiência.

Seu leque de situações apresentadas é tão vasto e distinto que dificilmente você não vai se identificar com muitas delas, ou por ter pensado e agido de forma igual, ou, muito melhor, por ter agido de modo diferente.

Num mundo cada vez mais urgente e ágil, onde as ações das empresas e de suas marcas são colocadas em xeque o tempo todo, melhor é agir com uma estratégia inovadora, flexível e apaixonada.

Aos mais jovens, que ainda buscam um lugar no topo, a leitura será muito instrutiva, com histórias muito bem contadas e inúmeras dicas para as mais variadas situações envolvendo liderança e gestão.

Bob levou ao seu limite pessoal a máxima de Sócrates: "Conhece-te a ti mesmo".

A nossa sorte é que ele resolveu escrever este livro para contar o que encontrou nessa jornada.

Aproveite a leitura e não se esqueça: divirta-se!

IVAN MARQUES, SÓCIO – DIRETOR
F/Nazca Saatchi & Saatchi

Sumário

INTRODUÇÃO — 11

CAPÍTULO 1
PREPARE-SE PARA UMA CARREIRA EM NEGÓCIOS

Siga seus Instintos	19
Escolha o Caminho Certo	21
O que Eu Aprendi na Harvard	23
Espere o Inesperado	25

CAPÍTULO 2
GERENCIANDO SUA CARREIRA

Como Escolher uma Carreira	29
A Entrevista	31
Suas Roupas Falam por Você	33
Fundamentos de Vendas	35
Todo Memorando É uma Propaganda Sua	39
Conheça-se Melhor	41
Sou um ENTJ. E Você, o que É?	45
Você Aprende Mais com o Fracasso do que com o Sucesso	47
Como se Tornar um Executivo Sênior	49
A Importância de um Excelente Assistente Executivo	51
Você Vai Precisar "Ralar Muito"	55
Fique em Contato com os Recrutadores	57

CAPÍTULO 3
PLANEJAMENTO E OUTROS ELEMENTOS FUNDAMENTAIS DA ESTRATÉGIA DE NEGÓCIO

Comece pela Resposta	63
Como Fazer Planejamento Estratégico	65

8 LIÇÕES DE LIDERANÇA

As Dez Regras para Conduzir a Reestruturação de um Negócio em Declínio	67
Rápido! Você Tem 100 Dias para Agir	71
Estabeleça Objetivos, Estratégias e Planos	73
Tenha a Estratégia Escrita em sua Testa	75
Aperfeiçoe os Planos para 100 Dias	77
O que É Preciso para Chegar ao Topo?	79
Não Pergunte: "O que Está Errado?". Pergunte: "O que Está Certo?"	81
Às vezes É Preciso Destruir o Velho e Começar de Novo	83
"Não Deixe uma Vitória Subir à Cabeça"	85
Escolha Seu Par com Cuidado	87
O Adquirente Tem Direitos	89
Selecione a Fórmula Certa para uma *Joint Venture*	91
Centralização e Descentralização Não se Misturam	93
Qual é o Sonho que te Inspira?	97
Céu e Inferno na Europa	99

CAPÍTULO 4
OPERAÇÕES DE NEGÓCIOS: ENXERGANDO ALÉM DO ÓBVIO

Sorte É o que Acontece quando o Preparo Encontra a Oportunidade	103
O Recurso Mais Escasso de Todos	105
Ter Ideias Excelentes	107
Cultive Grandes Ideias	109
A Importância da Excelência na Execução	111
Dando um Passo de Cada Vez	113
A Importância de Ser o Primeiro a Chegar no Mercado	115
"Três Jardas e uma Nuvem de Poeira"	117
Um Terço dos Consumidores Responde por Dois Terços do Consumo	119
Noventa e Cinco Por Cento da Vitória É Antecipação	121
Como se Defender do Ataque de um Concorrente	123
O "e/e" Vence "ou/ou"	125
É Difícil Demitir	127
O que Distingue a Boa Propaganda da Excelente	129
Segredos para o Sucesso do Cliente	131
"Quem Ficou com o 'R'?"	135

CAPÍTULO 5
FINANÇAS, ECONOMIA OU DÓLARES E BOM SENSO

A Importância da Participação de Mercado 139
Quebrando a Lei de Retornos Decrescentes 141
Como Fazer o Planejamento Anual 145
Não Seja Derrotado por Aqueles que "Jogam Baixo" 147
Cumprindo Orçamentos em uma Organização Cliente 149
Cumprindo Orçamentos em uma Agência de Propaganda 151
"Se Eu Soubesse qual Seria o Preço do Café Verde Amanhã,
Não Estaria Trabalhando Aqui" 153
Existem Três Cs na Determinação de Preços 155
A Determinação de Preços Segundo Adam Smith 157

CAPÍTULO 6
LIÇÕES DE LIDERANÇA

O que É Liderança? 161
Presidentes e Diretores-Executivos 163
A Arte e a Ciência de Selecionar o Diretor-Executivo 165
Avaliação Daqueles que Têm Alto Desempenho 169
Avaliando o Diretor-Executivo 171
O que os Vencedores Aprendem quando Perdem 175
Adote uma Postura Impecável 177
Você Recebe o que Espera 179
"Não Diga, Pergunte" 181
Tentar e Conseguir 183
Delegar – A Arte de Ceder e Controlar 185
Como os Líderes Devem se Envolver nas Decisões 187
Vá para Casa e Durma como um Bebê 189
Às Vezes É Preciso Demitir 191
Gestão com o Lado Esquerdo do Cérebro, de Pessoas com o
Lado Direito Dominante 193
A Obrigação do Diretor-Executivo 195

10 LIÇÕES DE LIDERANÇA

CAPÍTULO 7
CONSTRUINDO A CULTURA POR MEIO DA COMUNICAÇÃO

Uma Equipe, Um Sonho	199
"Café da Manhã com Bob"	201
Capacidade + Química = Equipe	205
Nada É Impossível	207
Apaixonados, Competitivos, Incansáveis	209
Ser Incansável, Incansável	211
Quando se Fala em Comunicação, Nada É Demais	213
"K-R ao Vivo"	215
Repetir uma Coisa Boa É uma Boa Coisa	217
Cunhe Seu Próprio Acrônimo	219

CAPÍTULO 8
ESTILO PESSOAL E ESPÍRITO

Dirigir um Ford Fiesta	223
Para Aprimorar seu Desempenho noTrabalho, Vá para Casa	225
Fique Calmo, Tranquilo e Controlado	227
Uma Fórmula para o Sucesso	229
Ouça o Seu Barbeiro	231
Duas Palavras que Você Deveria Evitar	233
Divirta-se Enquanto Trabalha	235
Domine uma Língua Estrangeira, Ela o Tornará Menos Estrangeiro	237
Plus ça Change, Plus c'est La Même Chose	239
Seja Verdadeiro Consigo Mesmo	241

AGRADECIMENTOS
243

ÍNDICE REMISSIVO
245

Introdução

Este é um livro de sabedoria.

As duas palavras *negócios* e *sabedoria* raramente são ouvidas juntas, hoje em dia. É uma pena, não só por seu reflexo nas empresas, mas, o mais importante, porque todos os executivos bem-sucedidos – desde novatos até um CEO –, cientes ou não, estão em um processo de aquisição e aplicação de ensinamentos em suas carreiras. Os negócios são, em condições favoráveis, um terreno muito fértil para adquirir ensinamentos e tirar proveito deles.

Este livro tem histórias sobre a *sabedoria* que adquiri em mais de 40 anos no mundo dos negócios. Nesse período, passei por situações singulares em que adquiri e empreguei a *sabedoria*. Tive a sorte de ter sido o diretor-presidente de cinco empresas em três setores diferentes. Construí marcas e negócios, fui uma das partes de duas megafusões e promovi inúmeras reestruturações. Também participei de nove conselhos de diretoria, incluindo empresas nos Estados Unidos, Reino Unido e França. Essas situações foram suplementadas pela oportunidade de aprendizado no Aspen Institute, Levinson Institute e Center for Creative Leadership.

Essas histórias, reunidas em seções que representam oito aspectos do desenvolvimento pessoal na vida profissional, são universais na experiência de qualquer executivo ou aspirante a líder:

1. Preparação
2. Construção e gestão de carreira
3. Estratégia de negócio
4. Operações empresariais
5. Finanças e economia

6. Liderança
7. Cultura e comunicações
8. Estilo pessoal e disposição

O que aprendi em cada uma dessas facetas da vida empresarial não só foi alcançado por meio de minhas próprias descobertas, tentativa e erro, testes, avaliação e eventualmente adoção de conceitos e estratégias, mas provou ser duradoura e verdadeira em quatro ambientes de negócio muito diferentes e desafiadores. Primeiro, em uma empresa de bens de consumo que domina o mercado internacional; em seguida em um ambiente devastador de megafusão; depois em uma intensa reestruturação envolvendo uma aquisição alavancada e, finalmente, na revitalização de um mastodonte da propaganda e do marketing de criação.

Algumas das histórias e lições que aprendi são básicas e fundamentais, mas muitas são radicais e todas foram inovadoras na ocasião. E este é, com frequência, o ponto mais delicado da sabedoria nos negócios – fazer a coisa certa na hora certa pelas razões certas. O executivo sábio também é radical, principalmente hoje. O executivo sábio é aberto e receptivo à aprendizagem e está comprometido com seu crescimento pessoal.

As experiências, estratégias, práticas e táticas que divido agora neste livro foram testadas durante algum tempo, provadas em diversas circunstâncias e ocasiões, sendo fundamentais para o meu sucesso e podem ajudá-lo a alcançar o seu.

Se eu tiver de escolher a lição mais fundamental que reúne minha filosofia gerencial, eu diria que para ter sucesso nos negócios – e na vida – é preciso saber para aonde se está indo, ter a coragem de dar o primeiro passo para chegar lá e aprimorar constantemente os meios para chegar ao seu destino. Hoje, um número enorme de empresas é obcecado por soluções e não gasta tempo demais para imaginar o destino, a verdadeira resposta e o resultado que querem alcançar. Você pode desperdiçar muito tempo e dinheiro implementando soluções, se não sabe para aonde está indo. Por

INTRODUÇÃO 13

isso, saiba aonde você precisa chegar. Comece pela resposta e refaça o caminho de volta até a solução. Só então deverá começar o árduo trabalho de chegar à solução – o veículo para alcançar o destino desejado.

A primeira vez que eu coloquei o comece pela resposta em prática foi na década de 1960, quando estava na Harvard Business School preparando-me para ser um "capitão da indústria". Os estudos de caso, *cases*, que mais influenciaram minhas decisões de carreira envolveram a General Foods Corporation – na época, uma empresa listada no Dow Jones Index e um dos melhores empreendimentos de bens de consumo do mundo. Eu sabia que queria ter uma carreira em marketing e os estudos de caso na General Foods me deram excelentes ideias sobre a empresa e suas operações (principalmente seus programas de marketing avançados), por isso tornou-se minha primeira opção para iniciar carreira como profissional de marketing.

A General Foods era uma empresa muito grande e complexa, com uma política agressiva de recrutamento. Peneirava os melhores MBAs das principais escolas de administração do país e era conhecida por identificar e desenvolver seus maiores talentos para assumirem papéis de liderança dentro da organização. A maioria dos meus colegas estava procurando a melhor oferta de emprego, mas eu sabia que a General Foods era o lugar certo para mim e concentrei meu tempo e esforços para ser contratado por ela.

Minha estratégia compensou, e depois de concluir meu MBA, em 1966, iniciei uma carreira profissional em marketing e administração geral na General Foods. Meu primeiro cargo na empresa foi de estagiário de vendas; ligava para os supermercados de Long Island, Nova York. Fiquei na empresa nos 23 anos seguintes, assumindo 17 papéis e posições diferentes em toda a organização. Ao passar de vendas e marketing para a administração geral, acabei me tornando executivo sênior e depois diretor-executivo da Worldwide Coffee and International Foods.

Estava lá em 1985 quando a Philip Morris adquiriu a General Foods; na época foi a maior aquisição fora da indústria de petróleo, na história corporativa dos Estados Unidos. Isso me deu ideia da dinâmica de uma megafusão. Por ter participado do que se sucedeu, notei que o processo teria se beneficiado bastante da noção "comece pela resposta" se esta fosse aplicada logo no início, para determinar o resultado geral em vez de se proceder evento por evento, que foi a tática empregada por aqueles que comandaram a fusão e as subsequentes atividades de integração.

Tive a oportunidade de aplicar essas lições em uma fase posterior em minha carreira, quando liderei a fusão altamente bem-sucedida da Saatchi & Saatchi com a Publicis Groupe of France em 2000.

Após minha experiência na General Foods, seguiu-se o desafio de liderar a reestruturação da Topco Associates no início da década de 1990, uma cooperativa do ramo de gêneros alimentícios que estava estagnada e não tinha vantagem competitiva no setor. A administração anterior tinha se desgastado, ao tentar aumentar a eficiência dos programas existentes. Minha abordagem "comece pela resposta" nesse caso foi focar a revitalização do crescimento, atraindo e aumentando nossa base de clientes por meio de novas linhas de produtos, embalagens novas e programas de marketing novos e dinâmicos.

Em 1991, minha carreira entrou em uma terceira fase quando eu assumi como CEO para comandar uma situação de aquisição alavancada na Kayser-Roth Corporation, uma das maiores fabricantes norte-americanas de meias de marca e *leg wear*, com sede em Greensboro, Carolina do Norte.

A empresa tinha sido adquirida por uma *joint venture* do Blackstone Group e Wasserstein-Perella, e eu fui encarregado de uma operação altamente efetiva e direta, do tipo "faça acontecer". Nesse caso, "começamos pela resposta", ou seja, em três anos queríamos que a empresa tivesse um nível de desempenho que a tornaria atraente a um comprador estratégico ou capaz de ter suas ações vendidas a público. Isso exigiu o estabelecimento de expectativas mais altas apoiadas por uma visão e amplitude de atividades que deram nova energia a toda a organização. A administração anterior fora menos ambiciosa e se concentrou em fazer uma coisa por vez. A reestruturação foi bem-sucedida e a empresa acabou sendo vendida para um comprador estratégico.

Em julho de 1995, seguindo uma série de eventos de negócio sem precedentes em Londres, fui indicado para chefiar uma empresa-mãe da Saatchi & Saatchi – justificadamente o nome mais famoso na propaganda e uma empresa de ideias realmente mundial.

Entrando na quarta e atual fase de minha carreira, contratei Kevin Roberts, um CEO ativo, e juntos transformamos uma organização que poderia ter decaído no que se tornou uma das agências de criação de maior sucesso. "Começamos pela resposta": a empresa se tornaria uma rede de criação com alto desempenho dentro do setor, crescendo mais rápido que a taxa de mercado. Em vez de deixar que os problemas do passado nos consumissem, nós nos concentramos na expectativa do que poderia se tornar nosso futuro. Dali em diante, todas as nossas atividades nos impulsionaram para aquele sonho.

Segui consistentemente o conceito "comece pela resposta", juntamente com muitas outras ideias novas que tive ao longo dos anos – embora não tenha começado a pensar nisso como um corpo unificado de princípios até 2004, quando estava presente em uma reunião de diretoria da rede mundial da Saatchi & Saatchi em Londres. Na época, já tinha sido presidente da empresa por sete anos. A conversa girou em torno do assunto de "patrimônio expresso em uma única palavra (*one-word equities*) – um processo pelo qual a agência destila a essência de uma marca até chegar a uma única palavra diferencial. No intervalo, procurei Richard Myers, um diretor de criação de nossa agência em Londres, e perguntei: "Richard, se eu fosse uma marca, qual poderia ser meu patrimônio, em uma única palavra?". Ele disse que era uma pergunta importante e interessante, e queria um tempo para pensar. No dia seguinte ele me procurou no café da manhã e disse: "Sabedoria – esta é a palavra que expressa seu patrimônio".

Essa resposta refletia com exatidão meu papel atual na Saatchi & Saatchi – dar conselho, orientação e perspectiva, ou o que se poderia referir como sabedoria –, mas também me colocou no caminho do que eu realmente queria compartilhar com os outros nos negócios.

Por fim, *Lições de Liderança* reúne histórias que captam as experiências e valores que me permitiram atuar como um líder corporativo bem-sucedido e aproveitar cada etapa dessa jornada. Espero que possa fazer o mesmo para você.

Bom proveito!

Bob Seelert
New Canaan, Connecticut

CAPÍTULO I

Prepare-se para uma Carreira em Negócios

Siga seus Instintos

Aprendi a ter cautela com o chamado conselho de especialista em 1960, na Manchester High School, Connecticut. Segui essa lição durante toda a minha carreira e vida.

Manchester era uma cidade bonita, de classe média, na Nova Inglaterra, com uma população de quase 40 mil habitantes. Um terço da cidade trabalhava na companhia aérea Pratt & Whitney, um terço, no setor de seguros e o outro terço era de empresários locais. Minha turma de colégio deveria formar 605 alunos; a metade continuaria os estudos e faria uma faculdade e a outra metade iria diretamente para o mercado de trabalho.

No início de meu último ano procurei o orientador vocacional para conversar sobre faculdade. A primeira pergunta dele foi: "Em que escola você está pensando em prestar exame?". Respondi: "na Harvard". Sem hesitar, ele disse: "Isto é ridículo! Ninguém de Manchester entra na Harvard. Eles só aceitam garotos da escola particular. Além disso, você sabe que custa vinte dólares para se candidatar?".

Fui para casa, e quando minha mãe perguntou como foram as coisas na escola hoje, eu disse: "Bem, procurei o orientador vocacional e ele disse que prestar para a Harvard era ridículo, e além de tudo custa vinte pratas".

Para o crédito eterno de minha mãe, ela disse: "Bem, quem não arrisca não petisca". Ou seja: "Tente, mesmo que as chances de sucesso sejam baixas".

Como um adolescente na década de 1950, eu não questionaria a autoridade, e provavelmente teria seguido o conselho do orientador. Mas minha mãe era sábia o suficiente para enxergar além.

Ela sabia que quem sonha alto deve estar disposto a arriscar.

De qualquer modo, fui em frente e me candidatei. Entrei na Harvard na turma de 1964, e isso mudou o rumo de minha vida.

Ensinamento de Bob: *Quando seus instintos lhe dizem algo diferente do "conselho de um especialista", siga sua intuição.*

Escolha o Caminho Certo

Meu pai foi presidente da Hartford Distributors, uma distribuidora de cerveja Budweiser nos condados de Hartford e Tolland, em Connecticut. Hoje, a Budweiser é a líder destacada de mercado nos Estados Unidos, mas no tempo de meu pai ela estava em uma disputa acirrada com a Schlitz, uma marca que hoje mal existe.

Ser uma distribuidora de cerveja era um negócio difícil, mas meu pai construiu-a do zero. Infelizmente, ele teve febre reumática quando criança e isso afetou seu coração e acabou levando-o à morte prematura aos 48 anos. Eu estava no começo do ensino médio na época e, obviamente, um evento trágico como esse teve um grande impacto em minha vida. Fez-me crescer mais depressa.

Minha mãe, surpreendendo muita gente, assumiu a presidência da empresa. Era uma época em que não havia muitas mulheres administrando negócios, e aquelas que estavam não se tornavam presidentes de distribuidoras de cerveja. Foi algo sem precedentes e uma atitude corajosa por parte de minha mãe.

Enquanto estava na faculdade, trabalhei na empresa fazendo serviços administrativos nas férias de verão. A maioria de minhas tarefas relacionava-se aos livros de contas a receber. Por não ter idade para beber, eu fui proibido de trabalhar no depósito ou nos caminhões.

No final de meu primeiro ano em Harvard College, minha mãe já tinha passado quatro anos na função. Ela estava começando a se cansar do trabalho. Além disso, planejava se casar novamente e mudar-se para a Flórida. Então, ela me procurou e disse: "Bob, ou você assume esta empresa ou vamos vendê-la".

A Budweiser controlava os direitos de franquia e teria que aprovar qualquer comprador. Vender o negócio não significava, necessariamente, uma tranquilidade financeira, mas manter a distribuição significaria que eu teria que seguir essa carreira para a vida toda. Dado o rápido crescimento da Budweiser, manter o negócio também seria altamente remunerador.

Pensei cuidadosamente nessa situação e conversei a respeito com minha futura esposa, Sarah. No final, decidi que dirigir a distribuidora não era o que eu queria fazer. Eu nem tinha idade para beber e não estava preparado para me comprometer com o ramo de bebidas. Além disso, eu achava que, sob essas circunstâncias, eu viveria na sombra de meu pai para o resto de minha vida, e não queria fazer isso. Eu queria seguir meu próprio destino.

Comuniquei a decisão à minha mãe e vendemos o negócio naquele verão. No outono, voltei para cursar meu último ano de faculdade, formei-me na primavera seguinte, casei-me e me candidatei à Harvard Business School, e fui em frente para construir uma vida totalmente diferente, mas plenamente gratificante.

Ensinamento de Bob: *Escolha o caminho certo para você, e então vá em frente, sem olhar para trás.*

O que Eu Aprendi na Harvard

Entrei em Harvard College em 1960, na turma que se formou em 1964. Eram 110 homens de todos os cinquenta estados norte-americanos e de vários outros países. A metade deles vinha de escolas particulares e muitos eram de família rica. Em Harvard, de repente tive acesso a oportunidades educacionais e culturais ilimitadas. Um novo mundo abriu-se para mim.

Durante os quatro anos, eu nunca adoeci e fui a todas as aulas. Meus filhos ainda riem do fato de eu não ter cabulado uma única aula.

Uma pergunta que poderia ser feita é: "Qual a coisa mais importante que você aprendeu na faculdade?". Bem, é creditar que não importa o quanto você pensa ser inteligente, e não importa o quanto pensa saber, há sempre alguém mais inteligente. Alguém que sabe muito mais sobre certas coisas que você. Essa descoberta motivou-me consistentemente a me acercar dos mais inteligentes e que tinham mais conhecimentos.

Notei que outros altos executivos fazem o mesmo, quanto já estava com a carreira mais avançada e dirigia a Kayser-Roth. Steve Schwarzman e Bruce Wasserstein, dois dos pensadores mais entendidos em finanças, estavam no conselho de diretoria. Mas mesmo eles dois podiam não ter todas as respostas a todas as perguntas, por isso não hesitavam em contratar pessoas com conhecimentos específicos para preencher conhecimentos que lhes faltavam. É assim que os líderes tornam a organização muito maior que a soma de suas partes, e muito mais forte do que qualquer indivíduo.

Infelizmente, eu também vi o que acontece quando os líderes se cercam daqueles que dizem "amém" para tudo, ou de pessoas que só lhes dizem o que acham que eles querem ouvir. Isso cria uma situação pela qual a organização não é mais forte que a pessoa que está no comando, o que pode ser, realmente, um fator limitante.

Ensinamento de Bob: *Há sempre alguém mais inteligente que você; por isso conheça suas próprias capacidades e limitações e cerque-se dos mais inteligentes e mais capazes que puder encontrar.*

Espere o Inesperado

Entrei na turma de MBA de 1966 em Harvard Business School. Esta incluía 680 homens e três mulheres divididos em sete classes (A-G). Eu era um dos 97 alunos da classe D. Tínhamos aulas nos três períodos do dia, seis dias por semana, e devíamos estar preparados para discutir e analisar detalhadamente os estudos de caso selecionados. Foi uma experiência bem intensa.

Minha aula preferida era de Política de Negócios com o professor George von Peterffy. Ele era consultor da Arthur D. Little, e sua aula era "sem rodeios". O aluno mais destacado e preparado era John Stang. Muitos da sala tinham experiência profissional, mas, antes de entrar em Harvard, John completara um programa de treinamento gerencial rigoroso na General Electric. Ele era inteligente, comunicativo e, dada sua experiência anterior, tinha vantagem sobre a maioria da classe. No geral, ele era um sujeito admirável.

O professor Von Peterffy costumava começar a aula balançando o braço para os alunos, dispostos em semicírculo, até apontar o dedo para alguém, e dizia: "Sr. X, como o senhor gostaria de iniciar a aula hoje?".

Certa manhã, o dedo apontou e parou em John Stang. "Sr. Stang, como o senhor gostaria de iniciar a aula de hoje?", Von Peterffy perguntou. Stang, extremamente capaz, apresentou sua análise de caso de um modo impressionante.

Na aula seguinte, para surpresa de todos, aconteceu o mesmo: "Sr. Stang, como gostaria de iniciar a aula hoje?". Isso foi sem precedentes. Ninguém jamais fora chamado duas vezes seguidas. Stang, mais uma vez, fez outra análise de caso impressionante.

Na aula seguinte – a maior das surpresas –, o braço balançou e o dedo apontou, e pela terceira vez parou em John Stang, mas dessa vez com um resultado muito diferente. John, que normalmente estava pronto para responder, disse: "Professor Von Peterffy, não estou preparado hoje". Von Peterffy revidou: "Sr. Stang, se esta fosse uma reunião de diretoria na General Electric, estaria preparado?". John respondeu timidamente: "Sim, senhor". Von Peterffy respondeu: "Então por que não está preparado para minha aula?".

O silêncio caiu sobre os 97 homens, chocados. O professor tinha sido claro: deve-se estar preparado sempre – não há desculpa nem exceção.

Em retrospecto, estou convencido de que Von Peterffy planejou isso deliberadamente. Ele escolheu o sujeito mais respeitado e chamou-o repetidamente até pegá-lo despreparado. Não foi apenas uma lição para o dia, mas para ser lembrada para o resto da vida.

Ensinamento de Bob: *Espere o inesperado. Esteja sempre preparado. Não há desculpa nem exceção.*

CAPÍTULO 2

Gerenciando sua Carreira

Como Escolher uma Carreira

Quando me candidatei à faculdade, planejava estudar francês e passar meu primeiro ano no exterior, em Sorbonne. Mas, na Harvard, cursei disciplinas que nunca pensei estudar antes, inclusive economia, que eu achei fascinante. Abandonei a ideia de estudar francês e me formei em economia. Adorava principalmente economia do trabalho e a tensão criativa que ocorria entre a alta gerência e a força de trabalho; por isso, quando me candidatei à Harvard Business School, considerei relações do trabalho como um campo de interesse.

O primeiro ano do programa seguia um currículo uniforme. Eu fui incumbido de apresentar aos alunos todas as áreas funcionais que compunham um empreendimento comercial. Uma delas era marketing, e me apaixonei por ela. Todos os negócios devem ter um produto ou serviço para vender e, para ter sucesso, cada produto deve atender a uma necessidade do consumidor ou cliente.

Aos 23 anos concentrei-me na função de marketing, queria começar em gerenciamento de produto e a General Foods era a empresa onde eu queria trabalhar. No fim, tudo deu certo, mas foi um longo caminho do francês, da Sorbonne até relações do trabalho!

Em 1987, fui convidado a dar uma palestra sobre carreiras em empresas no Hamilton College, Clinton, Nova York. Na palestra, disse aos alunos que a escolha de uma carreira deveria ser um processo de duas etapas. Em primeiro lugar, como candidatos eles deveriam fazer uma avaliação de seus pontos fortes e fracos. Então deveriam pensar cuidadosamente sobre o que mais gostariam de fazer.

Aconselhei-os a começar esse processo sozinhos, mas também a conversar com amigos, a família e orientadores para terem perspectivas mais amplas. Por exemplo, se você é um tipo de pessoa que se adapta com facilidade e é convincente, gosta de relações interpessoais e seria capaz de convencer os "esquimós a comprar caixas de gelo", então talvez deva pensar em uma carreira em vendas. Ou se prefere trabalhar isolado e tem uma tendência analítica e numérica, talvez deva pensar em começar como contador. Isso não significa que uma carreira em vendas seja boa e em contabilidade, ruim, mas apenas são diferentes, e é improvável que as pessoas que gostam e têm um bom desempenho em uma prosperem na outra.

Uma vez feita a autoavaliação, o segundo passo é começar a pensar nas empresas, e escolher aquela que valoriza bastante o que você gosta de fazer e se destacará. Em minha opinião, é melhor escolher uma empresa na qual a função em que você está interessado seja a essência do que a empresa é. No meu caso, enquanto de fato a maioria das empresas tinha departamentos de marketing, na General Foods o gerenciamento de produto era o ponto central do que a empresa fazia no dia a dia e era o caminho que me colocaria rumo à administração geral.

De um modo geral, a fórmula para uma carreira de sucesso é juntar aquilo que é sua paixão e aquilo em que você se destaca, com uma empresa que valorize altamente essas capacidades. Ao fazer isso, você aumentará imensamente suas chances de sucesso e, o mais importante, terá prazer em realizar o trabalho que será seu ganha-pão.

Ao proceder assim, você também estabelece a base que pode levá-lo a um progresso na carreira, quando as circunstâncias mudarem. O sucesso em um ambiente será uma preparação para o sucesso em outro. Em meu caso, a capacidade de me tornar um profissional de marketing no início de minha carreira preparou o cenário para eu me empenhar em me tornar um profissional dedicado à administração. A aquisição de conhecimento nessas áreas em uma empresa grande e complexa de produtos de bens de consumo embalados permitiu-me empregar essas habilidades em uma situação intensa, de reestruturação. Tendo atingido isso, eu estava preparado para o desafio de dirigir a empresa *holding* inglesa Cordiant PLC, após um período conturbado na agência global de propaganda Saatchi & Saatchi, aplicando toda a base que aprendi do lado do cliente e do lado da agência.

Ensinamento de Bob: *Baseie sua carreira no que você faz com paixão e no que se destaca. Então, escolha uma empresa, ou crie uma que valorize altamente essas capacidades.*

A Entrevista

Fiquei profundamente familiarizado com a General Foods Corporation na Harvard Business School por meio de nossos estudos de caso, suas atividades no *campus* e minha própria pesquisa. Ela tinha uma excelente reputação, me proporcionaria um treinamento fantástico e situava-se em White Plains, uma localidade no nordeste de Nova York que seria confortável para minha jovem família.

Eu fui bem na entrevista feita no *campus* e fui convidado a passar um dia na sede, para participar do processo de entrevista formal. Consistiu de quatro reuniões separadas, além de um almoço de trocas informais com um indivíduo contratado recentemente. Lembro-me muito daquele dia.

Minha primeira entrevista foi com um gerente de grupo de produtos. Ele estava sentado atrás da mesa, olhando meu currículo e balançando a cabeça de uma maneira bastante confusa. Levantou os olhos para mim e disse: "Não vejo como alguém como você vai competir com alguém como eu". Um início desafiador! Expus todas as razões para estar qualificado para o emprego.

Após o almoço, minha terceira entrevista foi com outro gerente de grupo de produtos. Ele sentou, colocou os pés em cima da mesa, acendeu um charuto e disse: "Poderíamos passar essa hora eu fazendo muitas perguntas, ou você fazendo-as para mim. Por que você não me faz várias perguntas?". Então ele se reclinou, colocou o charuto na boca e ficou em silêncio.

Nossa! Normalmente, eu estava preparado para fazer algumas perguntas no final de uma entrevista, mas fazer perguntas durante uma hora me pareceu uma tarefa assustadora. Minha mente começou a correr a 60 quilômetros por hora. Metade de meu cérebro ouvia as respostas dele, e a outra corria para pensar na próxima pergunta enquanto ele respondia. De algum modo, eu consegui dar conta desse tempo. Devo ter ido bem, porque eles me ofereceram o emprego.

Depois de entrar na General Foods, eu me envolvi em recrutamento. Todas as entrevistas de emprego eram feitas pelos gerentes de linha. Eu fazia as entrevistas no *campus* onde estudei, minha *alma mater*, e também as entrevistas na sede em White Plains. Entrevistar é uma arte que não chega a ser perfeita, mas eu desenvolvi minha técnica para fazer isso. Eu seguia o mesmo padrão com todos para desenvolver um banco de dados comparativos. Funcionava da maneira a seguir.

Minha primeira pergunta era: "Conte-me sua melhor história de sucesso – qualquer coisa, de qualquer período, ou de qualquer lugar, mas aquilo que foi seu maior orgulho". Eu ouvia atentamente a história e então dizia: "Foi interessante. Outros poderiam ter passado pela mesma situação e não teriam se dado tão bem. Quais são os fatores distintivos sobre você que o levaram a ser tão bem-sucedido?". O que eu queria saber era em que medida as pessoas faziam uma boa autoavaliação e se as habilidades delas eram compatíveis com os requisitos essenciais de gerenciamento de produto.

No geral, eu precisava avaliar as qualidades, realizações, habilidades, entendimento que as pessoas tinham de si e o grau de paixão pelo marketing, pelo gerenciamento de produto e pela General Foods. A força de uma empresa são seus funcionários, e dedicar tempo para encontrar pessoas excelentes é um tempo bem gasto.

Quando você está fazendo uma entrevista, precisa se preparar para ter um entendimento profundo de sua empresa-alvo, das pessoas que a dirigem, seu setor industrial e por que você poderia atender às necessidades deles. Sua capacidade de se manifestar bem sobre todos esses fatores e sua própria autoavaliação indicarão a diferença entre o sucesso e o fracasso.

Ensinamento de Bob: *Esteja pronto para qualquer coisa, quando for entrevistado, e desenvolva um plano que funcione para você quando você for o entrevistador.*

Suas Roupas Falam por Você

A primeira missão para os professores que lecionavam na turma de 1966 da Harvard Business School era produzir os "capitães da indústria". Como reflexo dos tempos, os alunos de minha classe, com exceção de três mulheres da turma A, eram homens, e sempre vestíamos ternos e gravata para a aula.

Um sábado, cheguei para nossa aula de Política dos Negócios com o professor Von Peterffy. Como ele costumava fazer no início da aula, olhava em volta, para ver se estava tudo correto. Nesse dia, ele fixou os olhos no cavalheiro sentado ao meu lado e perguntou, com incredulidade: "Sr. Simmons, esta jaqueta que está usando é esporte?". Simmons respondeu: "Sim, senhor". Von Peterffy continuou: "Sr. Simmons, se esta fosse uma reunião de diretoria na General Motors, estaria usando uma jaqueta esporte?". Simmons admitiu: "Não, senhor, não estaria". A essa resposta seguiu-se o questionamento do professor: "Então por que está usando uma jaqueta esporte em minha aula?".

Os tempos mudaram, e os códigos de vestir certamente mudaram nas empresas. Muitas empresas bem-sucedidas não têm códigos, e muitos indivíduos bem-sucedidos têm seu próprio estilo.

Entretanto, quer você esteja iniciando ou esteja buscando ativamente progredir em sua carreira profissional, pode esperar ser julgado quanto à aparência. Como regra geral, faz sentido vestir-se e arrumar-se de acordo com o seu setor, departamento e ocasião. Nesse contexto, você pode adotar um estilo pessoal que seja distintivo e memorável. Na dúvida, é melhor errar e ser mais formal.

Ensinamento de Bob: *Suas roupas expressam muito sobre você; por isso pense em seu estilo e aparência pessoal. Você deve estar sempre impecável.*

Fundamentos de Vendas

Comecei a trabalhar na General Foods na segunda-feira, após me formar na Harvard Business School. Alguém me perguntou: "Por que você não tira uma folga?". A resposta foi simples – na época eu não tinha dinheiro e tinha esposa e filho para sustentar.

Fui contratado para a Post Cereal Division como assistente de produto. Todos os profissionais de marketing recém-contratados deviam iniciar suas carreiras com um estágio de seis meses em vendas, visitando supermercados. A ideia era aprender diretamente sobre o ambiente de vendas no varejo e logística de distribuição antes de passar para a sede e desenvolver planos de marketing para a marca.

Encarregado pelo distrito de vendas de Nova York com uma rota que abrangia 115 supermercados no condado de Nassau, Long Island, passei meu primeiro dia com um supervisor de vendas cuja meta estabelecida era ensinar-me a "planejar meu trabalho e a trabalhar em meu plano". Ele me disse que eu deveria planejar antecipadamente minha rota e objetivos de vendas e fazer oito visitas por dia ao varejo. As rotas eram planejadas com base na frequência de contato estipulada e na eficiência no tempo em trânsito. Os objetivos de vendas eram preestabelecidos com base na condição conhecida da loja e no calendário promocional de produtos editado pela sede.

Aprendi no primeiro dia que é da responsabilidade do vendedor do varejo no setor de bens de consumo atentar para quatro atividades distintas: distribuição, reposição nas prateleiras, fixação de preços e merchandising.

A distribuição é o ponto inicial principal para qualquer produto. Para fazer uma venda, o produto precisa estar na loja. Aprendi rapidamente que a parte complicada do gerenciamento dessa atividade era que a General Foods parecia oferecer sempre muito mais itens do que o varejista tinha espaço para acomodar na loja. Portanto, a chave para o sucesso na distribuição consiste em estabelecer prioridades para os produtos que é mais importante ter na prateleira, tanto nos tamanhos certos quanto em embalagens adequadas.

O objetivo da reposição nas prateleiras é apresentar os produtos de modo proeminente e disponíveis em quantidades que eliminem a falta de estoque. Os produtos que giram rápido e exigiam níveis mais altos de estoque na loja ocupavam as prateleiras mais baixas. A General Foods tinha "Plan-O-Grams" (planogramas) baseados em pesquisas confiáveis, mostrando o padrão de reposição que otimizava as vendas de determinados produtos em cada seção da loja.

A fixação de preços significava assegurar que todos os produtos fossem marcados de acordo com o "preço de varejo sugerido" e alinhados adequadamente em relação à concorrência.

Merchandising consistia basicamente de ocupar os displays nas lojas, e de assegurar propagandas impressas e preços de acordo com o calendário promocional.

Executar essas responsabilidades também exigia a supervisão da relação de volume com o varejista, incluindo a atenção a detalhes a respeito de códigos de produto, quantidades do pedido, datas de envio e qualquer coisa pertinente à logística de ter seus pedidos totalmente atendidos e com pontualidade.

No segundo dia, acompanhei meu supervisor em algumas visitas. No terceiro dia, estava por minha conta. Jogado aos lobos!

Cheguei em minha primeira loja às 8 da manhã, me apresentei ao gerente da loja como "o novo encarregado no posto", e ele concordou que eu verificasse nossos estoques. Naquela manhã realizei o que viria a ser a visita de varejo mais completa da história. Verifiquei cada item, conferi a validade de cada produto, desembalei várias caixas de mercadoria do estoque, corrigi diversos erros nos preços e recolhi mercadorias danificadas que estavam na sala dos fundos. A última coisa que fiz foi fazer minha apresentação ao gerente com dois objetivos preestabelecidos: ganhar distribuição para uma marca de cereal de outro tamanho (recusado devido à falta de espaço) e providenciar o envio de um display para uma de nossas bebidas (solicitação aceita e pedido marcado para minha visita na semana seguinte).

Àquela altura, estava indo até o carro da empresa sentindo-me satisfeito, até que olhei no relógio. Eram 10h15. Gastei duas horas e quinze minutos naquela visita e ainda tinha mais sete para fazer! De qualquer modo, estava preparado para um dia de trabalho de mais de dezesseis horas! Outra lição que logo aprendi: não se pode fazer tudo em uma única visita. Em vez disso, deve-se aprender a estabelecer prioridades e imaginar o que pode esperar até a próxima visita.

Depois de quatro anos, trabalhei durante 12 meses como gerente distrital de vendas em Washington, D.C., como parte de uma experiência gerencial mais abrangente. Depois daquela atribuição, tive a oportunidade de supervisionar uma Força Nacional de Vendas como gerente de divisão. O que percebi, então, e ainda sei quarenta anos depois, é que as responsabilidades fundamentais de um vendedor no setor de bens de consumo são as mesmas que aquelas ensinadas por meu supervisor de vendas no primeiro dia. O *reporting* eletrônico pode ter substituído o relatório em papel, mas os princípios das vendas são os mesmos.

Ensinamento de Bob: *Os fundamentos de vendas de bens de consumo são consistentes e universais. Mantenha o foco na distribuição, reposição de prateleiras, fixação de preços e merchandising ao planejar seu trabalho e siga seu plano.*

Todo Memorando É uma Propaganda Sua

Em 1967, após seis meses de estágio na General Foods, fui para a sede em White Plains começar minha carreira em gerenciamento de produto. Fui encaminhado para a START Instant Breakfast Drink, uma alternativa ao suco de laranja congelado.

O primeiro memorando que mandei para a chefia foi uma análise dos resultados mais recentes de testes de mercado com base nos dados do painel de Nielsen. Voltou com comentários, correções e sugestões em caneta vermelha como: "mais concisão; seja mais claro". Fiz Harvard, mas esta parecia ser minha primeira redação da quinta série!

Fui até a sala de meu chefe, o rosto vermelho e constrangido, conversar com ele. Ele disse: "Bob, sei que você é brilhante, e quero realmente você em meu grupo. Mas você precisa perceber que todo memorando que sai com sua assinatura é uma propaganda sua. As pessoas o recebem e podem ou não saber quem você é, mas levam isso como indicação de como você pensa e do quanto é inteligente – ou não. As pessoas terão uma impressão de você a partir dele. Por isso, de hoje em diante, quero que tudo o que sai com seu nome seja o mais perfeito possível, e sirva como exemplo de como você quer que as pessoas o considerem". Desde aquele dia, tenho tentado não enviar qualquer comunicação que falhe nesse sentido.

Hoje, os e-mails são um grande desafio. Com frequência, aparentando rapidez, o emissor deixa uma impressão de um pensamento incompleto por trás da mensagem. Cuidado ao escrever e-mails! Leio com frequência e-mails que me levam a questionar o cuidado, a exatidão ou a inteligência de quem os escreve. Se eu penso assim, outras pessoas podem pensar também.

Ensinamento de Bob: *Toda comunicação que sai com seu nome forma uma impressão duradoura. Faça-a o melhor que puder.*

Conheça-se Melhor

Em 1982, aos 39 anos, participei de um seminário de duas semanas no Aspen Institute, Colorado, com um grupo de vinte colegas dos Estados Unidos, Reino Unido, Suíça e Canadá, representando vários setores, inclusive órgãos do governo federal e estadual, grandes corporações (fabricação, mídia, energia, consultoria gerencial, telecomunicações), e educação superior. O seminário se baseava na suposição de que os líderes, fossem estabelecidos ou futuros, podem obter um benefício significativo para si mesmos e suas empresas de um exame sistemático de seus valores pessoais e seu lugar no mundo. Essa experiência teve um impacto significativo em minha vida, particularmente em minha carreira.

Para se prepararem para o seminário, os participantes deveriam ler excertos de alguns dos maiores escritores e pensadores de todos os tempos, do Ocidente e Oriente, entre eles Platão, John Milton, John Locke, Alexis de Tocqueville, Dostoiévski, T. S. Eliot e Martin Luther King, Jr.

Diariamente, nos encontrávamos com um moderador para debater os princípios, valores e crenças fundamentais expressos por esses grandes escritores e pensadores. O objetivo era nos ajudar, como indivíduos, a definir quem éramos, no que acreditávamos e o que defendíamos.

Um dia, discutimos os escritos de dois filósofos chineses – Mêncio e Hün Tsé. Por um lado, o tratado de Mêncio, *Human Nature*, defendia a noção de que os seres humanos eram inerentemente bons. O trabalho de Hün Tsé, por outro lado, era intitulado *Man's Nature Is Evil*, e ele argumentava que os seres humanos eram inerentemente maus. Então a discussão enfocava a questão: "As pessoas são inerentemente boas ou más?".

Eu fiquei chocado ao ouvir como proposições tão fundamentais poderiam produzir respostas tão variadas. Ainda mais surpreendente foi perceber que nossa resposta a essa questão refletia e era consistente praticamente com todas as nossas atitudes e relações com outras pessoas no local de trabalho. Aqueles que pensavam que as pessoas eram inerentemente boas delegavam responsabilidade e confiavam que seus funcionários agiam respeitando os interesses da empresa. Aqueles que achavam que as pessoas eram inerentemente más atribuíam importância a coisas como usar relógio de ponto e ficar de olho nos funcionários.

Após o seminário, escrevi uma Declaração Pessoal que registrava em papel quem era eu e em que acreditava. Esse foi um processo útil que codificou meu próprio credo. Veja o que dizia.

Declaração Pessoal
de Bob Seelert

O que eu chamaria de um indivíduo totalmente honesto, aberto e que se apoia no bom senso.

Uma pessoa que é eternamente otimista e que acredita que a maior parte das coisas nos negócios é possível se tivermos as pessoas certas, as atitudes certas e o acordo sobre o que queremos que seja feito.

Uma pessoa orientada para o longo prazo, para o crescimento, para o trabalho de equipe multifuncional e para o aprimoramento constante em tudo o que fazemos.

Uma pessoa que compete com o mundo exterior, tem paixão pela excelência na execução e se orgulha do desempenho de sua organização.

Uma pessoa que reconhece que não se pode fazer o trabalho sozinho e, portanto, acredita em comunicação, delegação e em atribuir responsabilidades claramente.

Uma pessoa que espera o compromisso e a dedicação ao trabalho medido contra altos padrões e reconhece e recompensa as pessoas de acordo.

E, finalmente, uma pessoa que se diverte enquanto trabalha e que mantém o trabalho em equilíbrio com sua vida pessoal.

Você pode ou não concordar com minha declaração pessoal, mas certamente se beneficiará ao escrever a sua.

Ensinamento de Bob: *Encontre a melhor via para se conhecer melhor e escreva uma declaração pessoal identificando os valores, crenças e princípios que defende. Então siga-os.*

Sou um ENTJ. E Você, o que É?

Em junho de 1993, levei a equipe gerencial da Kayser-Roth para o Center for Creative Leadership em Greensboro, Carolina do Norte, para uma sessão de formação de equipe. Parte de nossa pauta incluía fazer o teste de Indicador de Tipos, de Myers-Briggs. Esta é uma ferramenta que fornece uma medida útil da personalidade, examinando oito preferências que todas as pessoas usam em diferentes momentos e organizando-as em quatro escalas. As pessoas (e suas organizações) usam esse teste para se entenderem melhor e entenderem suas ações, para aumentar sua consideração pelos outros e usar construtivamente as diferenças individuais. A validade do teste é documentada em estudos conduzidos durante mais de cinquenta anos.

O teste classifica as pessoas em 16 tipos diferentes. Eu me revelei como um ENTJ (Extrovertido, Intuitivo, Pensador, Criterioso). As palavras descritivas para esse tipo são racional, decidido, firme, estratégico, crítico, controlado, desafiador, direto, objetivo, justo e teórico. A função dominante para um ENTJ é pensar, e a função auxiliar é intuição. Os ENTJs têm muitas qualidades "de um CEO", mas também precisam assegurar que levam em conta o elemento humano, reconhecem as contribuições dos outros, verificam a qualidade de seus recursos antes de irem em frente, refletem e consideram todos os aspectos e aprendem a identificar e a valorizar sentimentos.

Achei que os resultados me descreviam exatamente, e considerei os traços menos que positivos, revelados sobre mim, como válidos e úteis. No geral, o teste ajudou-me a me entender de um modo positivo e, o mais importante, a desenvolver melhor minhas capacidades.

Também compreendi os tipos de personalidade de meus funcionários, e adquiri um entendimento muito melhor de como complementar e empregá-los mais efetivamente. Antes dessas sessões de formação de equipe, houve momentos em que o comportamento de várias pessoas me deixava confuso e frustrado. Agora eu sinto que entendi as razões para esses sentimentos, o que me permitiu tirar vantagem de suas diversas capacidades.

Quando eu me tornei diretor-executivo na Cordiant, a consciência de meu perfil de personalidade era uma vantagem clara e me ajudou a prever e a lidar com perfis Myers-Briggs mais criativos das pessoas com quem eu precisava me relacionar lá. Isso me preparou para um início mais rápido, com menos frustrações.

Ensinamento de Bob: *Conhecer seu tipo Myers-Briggs leva ao seu entendimento. Conhecer os tipos de sua equipe ajuda-o a utilizar melhor as capacidades deles.*

Você Aprende Mais com o Fracasso do que com o Sucesso

Em janeiro de 1967, minha primeira atribuição na General Foods, em gerenciamento de projeto, foi o START, bebida matinal de preparo instantâneo, seis semanas antes do lançamento nacional. Eu mal sabia que seria o maior desastre da história da empresa até então!

START era uma bebida para o café da manhã, um pó solúvel sabor laranja. Vinha em uma latinha fácil de abrir e era misturado com água para fazer a bebida. Era parecido ao TANG, a bebida levada para a Lua com os astronautas, mas o START tinha um sabor para um perfil mais adulto e era dissolvido em 250 ml de água, em vez de um copo. O concorrente era o suco de laranja congelado. O START era de sabor excelente, tinha mais vitamina C que o suco de laranja e era mais conveniente. Durante dois anos, passou pelo teste de marketing e as projeções indicavam que teria cerca de duas vezes o tamanho do negócio do TANG. No todo, era um investimento muito atraente.

Ainda me lembro de quando recebi o plano introdutório de marketing. Era uma pasta com 6 cm de espessura. A propaganda afirmava: "O problema com o START é parar", e o plano de gastos incluía um orçamento maciço para a época. O plano de promoção era enviar amostras de latinhas do tamanho real para 20 milhões de residências em todo o país. Todos os elementos do plano foram cuidadosamente analisados no teste de marketing. A direção estava convencida de que o START seria um sucesso estrondoso.

Havia apenas um grande problema. Naquele ano, os produtores de laranja tiveram a maior colheita de laranjas da história. Uma oferta imensa significava a queda dos preços do suco de laranja natural, com preços promocionais chegando a dez latas por um dólar (comparado ao START, a 29 centavos a latinha).

O plano impressionante e extenso de marketing com todos os resultados de teste de mercado nunca acompanhou o fato de que durante todo o processo de teste de marketing servir o START tinha sido mais econômico que o suco de laranja congelado. De repente, se tornaria muito mais caro que o suco natural. As leis da economia se impuseram e fizeram todo o empreendimento despencar para um nível de vendas insustentavelmente baixo. Sim, o START tinha um sabor excelente; sim, tinha mais vitamina C e, sim, era mais conveniente. Mas todas as propagandas e amostras do mundo não podiam reverter o fato de que os consumidores agora estavam tendo de pagar significativamente mais por um produto substituto que pelo suco natural.

A realidade era que as vendas atingiram 50% do orçamento, perdeu-se muito dinheiro no lançamento e o START não sobreviveu.

Para mim, no entanto, foi uma experiência excelente. Em vez de pegar carona no sucesso dos outros, eu fiz parte do grupo que teve de repensar e refazer cada elemento do plano de marketing no contexto da séria realidade focada no consumidor que nos foi imposta. Acabei aprendendo mais que em um ambiente estável, que progrediria continuamente.

Mais que tudo, aprendi a respeitar verdadeiramente o consumidor, a procurar obter os dados reais e a me certificar de que eu conseguiria ter uma visão geral.

Ensinamento de Bob: *Aprende-se mais com o fracasso; mais do que se pode com o sucesso.*

Como se Tornar um Executivo Sênior

Quando eu comecei minha carreira na General Foods, meu objetivo era chegar à direção geral. Eu tinha certeza de que seria um excelente treinamento, e também sabia que na General Foods o gerenciamento de produto era o caminho para a direção geral.

Passei 23 anos lá basicamente porque toda vez que eu estava pronto para assumir um novo desafio, a empresa me oferecia um novo cargo. Assumi dezessete funções nesse período de tempo. Passei doze anos em marketing e vendas, três anos como gerente de divisão e oito anos como executivo responsável por várias divisões.

Durante meus doze anos em marketing e vendas, assumi treze atribuições diferentes. A mais breve foi durante seis meses, e a mais longa durante vinte meses. Isso implica maior descontinuidade do que foi realmente, porque algumas das mudanças de atribuição exigiam responsabilidades maiores dentro da mesma categoria de negócio. No entanto, é verdade que em gerenciamento de produto há um alto nível de rotatividade nas atribuições e no pessoal.

Muitos observadores alegariam que isso é exagero. Mas há uma razão para essa rotatividade ser desejável e necessária. É natural e esperado que a criatividade, na maioria das circunstâncias, siga um ciclo inevitável; em algum momento até as melhores cabeças necessitarão de um rumo e de ideias novas. Em minha experiência, pessoas com muita energia tendiam a assumir uma nova atribuição como uma tábula rasa. Devoravam imediatamente tudo o que podiam sobre a marca envolvida e ofereciam novas perspectivas e ideias, contribuindo para o sucesso da marca no mercado. Mas, depois de certo período, digamos três anos, faltavam ideias novas. Quando isso acontecia, era hora de o indivíduo ir em frente e de uma cara diferente, com novas ideias, assumir.

O gerenciamento de produto prepara para posições na direção geral. Embora seja "responsabilidade sem autoridade", integra marketing, vendas, operações, pesquisa, recursos humanos e finanças do ponto de vista da marca. Também é um excelente treinamento para as disciplinas de planejamento e para lidar com recursos externos.

Finalmente, tornei-me gerente-geral. Entretanto, a fase mais produtiva e desafiadora de minha carreira ocorreu três anos depois, quando eu me tornei vice-presidente do grupo, responsável por várias divisões. Uma coisa é estar envolvido diretamente, ser responsável por uma marca, uma categoria ou divisão. Outra é dirigir várias divisões, cada uma comandada por um indivíduo que assume a incumbência.

Esta é a fase em que a liderança fica à frente do gerenciamento e a motivação e o treinamento começam a desempenhar papéis significativos. Seu conhecimento profundo de um negócio já não é diretamente aplicado. Em vez disso, é sua capacidade de revelar valores, crenças e princípios fundamentais que pode motivar os outros, transcender negócios particulares e produzir bons resultados, tudo ao mesmo tempo. Se você tiver sucesso nessa fase, então será candidato ao cargo de diretor-executivo.

Ensinamento de Bob: *Seu caminho para a direção geral e posições de liderança requer que você demonstre êxito em um grande número de papéis que exigem cada vez mais responsabilidade, enquanto você motiva consistentemente os outros por meio de seus valores, crenças e princípios.*

A Importância de um Excelente Assistente Executivo

Ter um excelente assistente executivo será um componente fundamental para seu sucesso; por isso é melhor encontrar um agora mesmo. A questão é: "Quais são as principais qualidades que você deveria procurar na pessoa que seleciona?".

Tenho sido abençoado com uma sucessão de excelentes profissionais: Winnie Woodhull e Joan Hamshire (General Foods), Peggy Conley (Topco), Judy Cummings (Kayser-Roth), seguido por Alison Bromhead, Dorotht Musche e Trudy Vitti (Cordiant e Saatchi & Saatchi). A seguir estão as qualidades que eles compartilhavam que eu considerava de extrema importância.

A primeira delas é que os assistentes executivos precisam perceber e aceitar que sua responsabilidade básica é fazer tudo o que eles puderem para ajudá-lo a atingir seus objetivos. Como profissionais de apoio, o papel deles é torná-lo "melhor", antecipando, processando e executando os detalhes de sua vida diária.

Isto é importante para você, mas também é do interesse deles. Queira ou não, as carreiras de assistentes executivos estão ligadas, com frequência, ao sucesso de seu chefe. Se você tiver sucesso, seu assistente executivo vai prosperar. Se você não conseguir ir em frente, seu assistente pode ter que começar de novo também.

No trabalho, as principais palavras para seu assistente executivo são "execução perfeita". O profissional de sucesso tem uma vida muito ocupada. É essencial que todas as atividades diárias ocorram de acordo com o plano, o máximo possível. Garantir que você está no lugar certo, na hora certa e totalmente preparado para conduzir o negócio do momento é tarefa do seu assistente. Eles devem organizar e executar isso para que seja 100% exato e dentro do prazo programado.

52 LIÇÕES DE LIDERANÇA

Os assistentes executivos são uma extensão de seu escritório. O modo como eles atendem ao telefone, cumprimentam as pessoas e lidam com seus clientes e parceiros, bem como com seus subordinados, reflete-se em você. Se eles forem ríspidos e grosseiros, as pessoas atribuirão isso a você, e não apenas a eles. Nesse sentido, ligue para o seu número de vez em quando para ter noção da maneira deles ao telefone. Espero que sejam tão gentis quanto você seria se estivesse atendendo a um telefonema.

Da mesma maneira, nunca permita que seu assistente executivo "fale mal" da empresa. Novamente, isto se refletiria em você.

O tempo em que os executivos tinham uma secretária para fazer a datilografia, preencher documentos e marcar compromissos já se foi. Os executivos de hoje precisam de assistentes que entendam de tecnologia, sejam capazes de aprender novos programas aprimorados para o processamento de texto, gerenciamento de dados, produção de relatórios escritos e planilhas e conduzam pesquisas *on-line*. Evidentemente, seu assistente executivo ainda pode aumentar bastante sua produtividade, lidando com a correspondência e anotando ditados efetivamente. Lembro-me de Winnie Woodhull que passava horas pacientemente comigo, enquanto eu aprendia a ditar memorandos.

Os assistentes executivos devem manter a confidencialidade e ser discretos. Inevitavelmente, eles ficarão sabendo de questões delicadas e de discussões particulares que devem ser mantidas em sigilo.

Eles devem saber onde você está e ser capazes de entrar em contato com você o tempo todo. Em um momento de crise, isto será de importância fundamental.

Seu assistente executivo deve se reunir com seu contador pessoal e assegurar que sua documentação para o imposto de renda esteja completa. Ser capaz de documentar e comprovar onde você está todas as horas do dia pode ser valioso, se você tiver de enfrentar uma auditoria fiscal.

Finalmente, se você está na cidade de Nova York e é diretor-executivo, tente conseguir que seu assistente executivo seja convidado a se filiar à Seraphic Society. Esta é uma organização de pessoas que trabalham com diretores-executivos, e é fabuloso para o trabalho de rede. Dorothy Musche e Trudy Vitti são membros.

Ensinamento de Bob: *Contratar um assistente executivo que seja bem qualificado, experiente e, o mais importante, possa se identificar com você e contribuir para o seu sucesso é um ingrediente fundamental para o progresso de sua carreira.*

Você Vai Precisar "Ralar Muito"

Quando fez uma palestra para nossa equipe na General Foods, Jack Twyman encadeou três carreiras, cada uma com grande mérito. Como jogador de basquetebol ele fez parte do Corredor da Fama na National Basketball Association; um apresentador esportivo de sucesso no NBA Game of the Week para o canal de televisão ABC e, finalmente, presidente e CEO da Super Foods Services, Inc., um importante distribuidor de alimentos nos Estados Unidos. Um homem com três carreiras de sucesso consecutivas certamente teria conselhos importantes para nos dar, como fez.

A lição mais significativa que aprendemos com Jack foi a importância de se empenhar no trabalho, preparar-se e dedicar-se. Desde cedo ele achava que tudo era possível, contanto que a pessoa estivesse disposta a pagar pelo "preço". A definição do preço é um compromisso absoluto e total com o que você quer realizar.

Jack foi para a Central Catholic High School em Pittsburgh, Pensilvânia, onde o basquetebol era um esporte altamente competitivo. Tentou entrar na equipe quando era calouro, no segundo e terceiro ano, mas não conseguiu. Durante o verão, entre o terceiro e o último ano de faculdade, ele gastou três pares de tênis praticando basquetebol no parque. No último ano, ele ingressou na equipe e foi jogar na Universidade de Cincinnatti e na NBA, e finalmente fez parte da lista do Corredor da Fama de Basquetebol. Que histórico incrível de realização e testemunho de compromisso pessoal, preparação, determinação e energia.

Jack foi selecionado pela ABC como apresentador do Game of the Week não por acaso, mas por estar preparado para a função. Para Jack, não havia fórmula mágica para o sucesso. Em vez disso, como ele dizia: "Eu ralei muito!".

Ensinamento de Bob: *Não há substituto para a dedicação e o trabalho duro.*

Fique em Contato com os Recrutadores

Depois que a Kayser-Roth foi vendida para um comprador estratégico no começo de 1994, tive de decidir quais seriam os próximos passos em minha carreira.

Passei o ano seguinte tentando adquirir os ativos do chá e café Tetley da Allied Domecq, uma empresa internacional com sede em Bristol, Inglaterra. Obtive apoio financeiro do Citicorp Venture Capital e formei uma equipe de executivos de apoio que trabalhou comigo na General Foods. Desenvolvemos um plano de negócio, e eu tinha até uma lista de oito iniciativas que tomaríamos na primeira semana que assumíssemos a empresa. O único problema foi que nossa proposta de compra terminou em segundo lugar! Quando você está tentando adquirir uma empresa, segundo lugar é o mesmo que o milionésimo – você não consegue a empresa.

A oferta final foi feita em Londres. Embora eu estivesse lá, a imprensa e a mídia estavam comentando sobre um duro desentendimento na Saatchi & Saatchi PLC, entre os investidores da empresa e os irmãos fundadores. No final, os irmãos saíram e abriram uma nova agência, competitiva. Vários clientes saíram da empresa e o lugar parecia estar um caos. A empresa mudou o nome para Cordiant, para acabar com a confusão entre as atividades da empresa holding e aquelas de suas redes. Eu pensei: "Que situação desoladora".

Logo depois voltei para os Estados Unidos e um recrutador de executivos da Spencer Stuart , a principal empresa global de busca de executivos, me ligou, imaginem, querendo conversar comigo sobre meu interesse potencial em assumir a direção da Cordiant!

Ao longo dos anos, mantive um bom relacionamento com recrutadores de executivos, particularmente com o pessoal da Spencer Stuart, pois eles me colocaram na Kayser-Roth. É uma boa prática manter um relacionamento com recrutadores de executivos porque em grande medida você precisa esperar gerenciar sua própria carreira. Hoje, não há tantas empresas que fazem realmente isso por você.

A Spencer Stuart realizou um papel significativo na redação de uma descrição detalhada do papel de diretor-geral da Cordiant. Esta tinha quatro componentes. Primeiro, o indivíduo precisava valorizar o papel e a importância da propaganda, mas não tinha que ser um "publicitário". De fato, dada a situação, a pessoa precisava ter uma ampla gama de qualificações para os negócios. Em segundo lugar, precisava ser alguém que tivesse dirigido um negócio internacional. Era uma empresa multicultural com escritórios em todo o mundo. Terceiro, deveria ser alguém que teve sucesso em situações de reestruturação. A empresa estava um caos e precisava de alguém que fosse imperturbável naquelas circunstâncias. Finalmente, a empresa não teve uma história de sucesso nos Estados Unidos, e eles queriam alguém que entendesse os clientes dos Estados Unidos – talvez até um americano para uma empresa que estava na lista de empresas de capital aberto com sede na Inglaterra.

Foram essas especificações que os levaram a ligar para mim. Eu tinha gasto mais de 2 bilhões de dólares em propaganda em mais de 60 marcas diferentes, em sete agências de propaganda. Dirigi um negócio internacional como presidente e CEO da General Foods Worldwide Coffee and International Foods. Comandei com êxito as reestruturações na Topco e na Kayser-Roth e entendia do mercado norte-americano.

Participei de uma reunião com representantes da Spencer Stuart, pessoas da Cordiant e membros de seu conselho. Então, pedi permissão para falar com dois conselheiros. O primeiro era um consultor com quem tinha trabalhado e que me conhecia muito bem. Ele disse: "Não toque isto com uma vara de 10 metros". Ele achava que a empresa não tinha remédio e preocupava-se com o fraco desempenho de pessoas que passavam do lado do cliente para o lado da agência, no setor de bens de consumo.

Aproximei-me do segundo conselheiro, ex-diretor de uma agência de propaganda. Ele achava que assumir o cargo era uma excelente ideia e que as especificações da Spencer Stuart eram a fórmula certa para a situação, e ressaltou: "Esses tipos de negócio são difíceis de eliminar. Os clientes não querem estragar relações estratégicas. Eles querem estabilidade".

Fui para casa para ver o que decidia. Achava que o cargo seria algo novo, diferente, interessante e desafiador. Do ponto de vista econômico, se encaixava na teoria começar do zero – o preço das ações tinha caído o máximo que podia, então imaginei que deveria haver uma alta significativa. Minha esposa e eu gostávamos da ideia de morar em Londres, pois nossos filhos já estavam crescidos. No geral, achei que seria bem interessante.

Decidimos aceitar o emprego. Foi uma aventura na vida, e deu tudo certo. A Cordiant depois se separou da Saatchi & Saatchi, e estou escrevendo este livro 14 anos depois, como presidente não executivo da empresa, onde dou orientação, consultoria e perspectiva.

Ensinamento de Bob: *Gerencie proativamente sua carreira. Mantenha um bom relacionamento com recrutadores de executivos, peça orientação e siga o seu coração.*

CAPÍTULO 3

Planejamento e Outros Elementos Fundamentais da Estratégia de Negócio

Comece pela Resposta

Meu conceito mais importante de gerenciamento é "Comece pela resposta, e volte até a solução". Como ponto de partida, aplico essa abordagem praticamente a toda situação que chega à minha mesa. Depois de entendidos os dados básicos, deve ficar óbvio onde se quer posicionar a organização ou a si mesmo. A verdadeira pergunta é: "Como se chega lá?". Em vez de perder tempo nos problemas passados, deve-se dedicar toda a energia para criar soluções para o futuro.

Foi este o caso quando entrei na Cordiant em julho de 1995. Na época, a empresa estava perdendo dinheiro por causa de acontecimentos que a tumultuaram nos seis meses anteriores. Os fundadores da empresa saíram, 6% da receita saiu pela mesma porta, junto com eles, e uma grande dívida estava prestes a vencer. Não era um quadro promissor!

As duas prioridades eram estabilizar os clientes e funcionários, e refinanciar a empresa. Muitos dos funcionários se prendiam a questões do momento e às razões para estarmos perdendo dinheiro. Para refinanciar a empresa, precisávamos efetuar uma projeção financeira para cinco anos que tivesse credibilidade.

Em vez de reagir a previsões sombrias, preferimos uma conduta totalmente diferente. Começamos pelo mundo externo do setor em que competíamos, avaliando o desempenho da Peer Group Composite, formada pela Omnicom, WPP e Interpublic. Afinal, essas empresas estavam no mesmo ramo que nós, competíamos por novos negócios usando os mesmos argumentos e a dinâmica de marketing era a mesma, afetando da mesma maneira a eles e a nós.

Percebemos que estávamos em um setor em crescimento cujos gastos com mídia no mundo aumentavam a uma taxa de 5 a 7% ao ano. Além disso, importantes empresas *holding* estavam crescendo a um ritmo mais rápido em virtude de tendências para a globalização e da consolidação de recursos de publicidade pelos clientes. O Peer Group Composite estava atingindo uma renda operacional na faixa de 10 a 12% da receita. Ajustando nossos negócios para o efeito de escala dos negócios deles, que eram maiores, concluímos que, se eles atingiam margens de 10 a 12%, então deveríamos atingir uma faixa de 8 a 10%. Esses parâmetros de negócio tornaram-se "a resposta", e então podíamos dedicar total energia para fazermos o que fosse preciso para chegar lá.

Reconhecendo a natureza desastrosa de nossa situação, estabelecemos um prazo de três anos para o sucesso. Três anos depois estávamos lá, com as receitas crescendo mais rápido que a taxa de mercado e o lucro por ação acima de 25% ao ano. O fator-chave nessa realização foi começar por onde queríamos chegar, em vez de sermos consumidos pela gravidade da situação em que nos encontrávamos.

Ensinamento de Bob: *O primeiro passo em um plano de negócio é começar pela resposta e então dedicar todo o tempo e energia para fazer o caminho de volta até a solução.*

Como Fazer Planejamento Estratégico

Na Harvard Business School, todo o currículo era ensinado por meio de *cases*, cada um abordando uma situação do mundo real. Davamnos os dados e cifras e nos pediam para responder da perspectiva de um alto executivo: "O que você faria se fosse o Sr. Fulano de Tal na empresa ABC?". Toda noite, eu preparava três *cases*, e no dia seguinte estava pronto para apresentar e defender meu ponto de vista em uma discussão com 96 colegas.

O que me surpreendia sempre nessas discussões de *cases* era como 97 pessoas podiam ver os mesmos dados e chegar a conclusões totalmente diferentes sobre como proceder.

O mesmo acontece com planejamento estratégico. É preciso abordar o planejamento estratégico com um ponto de vista definido claramente.

Meu ponto de vista é aquele de um eterno otimista. Acredito que quase tudo seja possível em negócios, se tivermos as pessoas certas, as atitudes e os recursos certos. Os dois primeiros compromissos que eu quero que minha organização assuma são crescer e aprimorar-se constantemente em tudo o que fazemos. Isso define o tom para se desenvolver e cultivar excelentes ideias, necessárias para mover o negócio para frente, e assegura que os esforços da organização sejam orientados para "frente e para cima".

Às vezes você precisa agitar as coisas ou mudar o campo de atuação para perseguir esse ponto de vista com legitimidade. Como exemplo, vamos tomar o negócio de café na General Foods, na década de 1980. Como indicador do escopo de nosso negócio no mundo naquela época, o café era a segunda maior *commodity* no comércio mundial, depois do petróleo.

Se definíssemos o campo de atuação como o café no varejo americano comprado para consumo doméstico, então o mercado estava decaindo moderadamente, o preço das ações da empresa já era alto e a concorrência era intensa por parte de outras marcas nacionais e torrefações regionais.

LIÇÕES DE LIDERANÇA

Por outro lado, se definíssemos o campo de atuação como o mercado externo, e o café consumido dentro e fora de casa, então teríamos um quadro totalmente diferente. O mercado estava crescendo em vez de decair, havia várias oportunidades de aquisição e o mercado externo apresentava possibilidades interessantes, inclusive inovações de equipamentos. Havia partes do mundo, como a China, onde o café estava surgindo como a nova opção de bebida, principalmente para jovens ansiosos por abraçar a cultura ocidental.

Para consolidar e aproveitar essas oportunidades, a General Foods reestruturou e reorientou seu negócio de café para a produção, marketing e distribuição em base mundial. Isso exigiu um planejamento estratégico que transcendia limites regionais e adotava uma visão mais ampla do mercado externo como nosso campo de atuação.

Ensinamento de Bob: *Planejamento estratégico é um estado mental, e seu ponto de vista determina os resultados. O crescimento e o aprimoramento contínuo são seus parâmetros.*

As Dez Regras para Conduzir a Reestruturação de um Negócio em Declínio

Estive envolvido em situações de reestruturação na Topco Associates, Kayser-Roth Corporation e Cordiant. As semelhanças entre essas situações eram maiores que as diferenças.

Em cada caso, havia empresas que tinham decaído em tempos difíceis, mas acreditava-se que poderiam se reerguer, como Fênix das cinzas. Além disso, o fato de as empresas não estarem indo bem não era, de modo algum, um segredo para os funcionários, que sempre estavam ansiosos para ter a liderança capaz de retomar o rumo e fazer as coisas voltarem a funcionar.

Aqui vão minhas dez regras para uma reestruturação de sucesso:

Regra 1: Ao formular metas, comece pela resposta e faça o caminho de volta até a solução. Não se detenha no marasmo do passado. Continue seguindo para onde precisa estar no futuro imediato. Na Cordiant, desenvolvemos uma previsão financeira para cinco anos, três meses após chegarmos, e a usamos como base para refinanciar a empresa. Subsequentemente, superamos todos os parâmetros daquela previsão.

Regra 2: Destaque-se imediatamente e se posicione como o novo líder da empresa. Diga-lhes quem você é, no que acredita, por que está lá, sua perspectiva da situação e como você pretende prosseguir. Na Cordiant, visitei todas as pessoas principais e importantes locais em Londres e Nova York nos dois primeiros dias.

Regra 3: Dê um senso extraordinário de urgência ao que você está fazendo, mas também olhe antes de saltar. As pessoas anseiam por resultados, mas não é hora para prazos. Pense com cautela em tudo o que faz, mas não pare. Na Topco, iniciamos imediatamente uma linha de produtos que não agridem o meio ambiente porque havia um nicho óbvio e o mercado precisava deles.

Regra 4: Não fique apenas na sede. Saia, vá para onde o trabalho é feito – fábricas e escritórios. Você precisa desse contato, e precisa ser uma força motivadora para as pessoas. Na Cordiant, andava pelos escritórios que respondiam por 60% de nossas receitas nos seis primeiros meses.

Regra 5: Saia e ouça os clientes e fregueses. Na Kayser-Roth, uma de minhas primeiras visitas foi ao Walmart. Eles me disseram: "Sr. Seelert, estamos preocupados com a viabilidade de sua empresa como fornecedor". Dois anos depois, fomos apontados como seu melhor fornecedor do trimestre. Se eu não tivesse ido pessoalmente lá ouvir e aprender, talvez isso não teria acontecido.

Regra 6: Ouça a todos na organização que dão opinião sobre o negócio – não fique simplesmente em contato com as pessoas que se reportam a você. As histórias, assim como as moedas, têm dois lados. Você precisa entender ambos. Se puder, encontre-se com seus concorrentes ou chefes de organizações semelhantes. Quando fui para a Cordiant, fiz uma reunião com os chefes de outras empresas *holding*, redes de agências, consultorias e organizações de serviços.

Regra 7: Reconheça que não pode fazer o trabalho sozinho. A comunicação aberta e a atribuição clara de responsabilidades são essenciais. Suas visitas a locais fornecem os fóruns para reunir e dirigir as equipes, bem como para identificar rapidamente os verdadeiros talentos na organização.

Regra 8: Exponha sua visão, propósito, valores, crenças, objetivos, estratégias e planos para realização o mais rápido possível. As pessoas não podem agir realmente se você não der a direção certa. Na Cordiant, expus minha visão inicial no primeiro dia: "Ser o melhor recurso de comunicações criativas do mundo". Mostrei que seria um bom ouvinte e que juntos iríamos alcançar nossos objetivos.

Regra 9: Se você não dispõe dos recursos internos para realizar o trabalho que tem em mãos, não receie em usar recursos externos. Na Cordiant, empreguei a Price Waterhouse Business Turnaround Services; na Kayser-Roth e na Topco contratamos a Luther & Company.

Regra 10: Faça uma lista de prioridades e siga-a. Na Cordiant, eram duas: estabilizar clientes e funcionários e refinanciar a empresa. Atingir essas duas metas é uma preparação para todo o resto.

Ensinamento de Bob: *As reestruturações são situações extremamente difíceis, o tempo todo. Siga as dez regras e irá prosperar.*

Rápido! Você Tem 100 Dias para Agir

Quando você assume qualquer papel novo, mas particularmente em uma situação de reestruturação, o modo como age em seus 100 primeiros dias é fundamental.

Nesse período, você tem "permissão especial" como o sujeito novo que está no pedaço. Depois desse período, você é visto como um participante da organização e pode, realmente, se tornar parte do problema, em oposição ao seu papel de líder na busca de soluções para o grupo.

É importante usar os 100 primeiros dias para estipular novos padrões e estabelecer o tom certo para o ambiente que se quer criar no negócio.

Eu tento estabelecer altos padrões que comprometam a organização a crescer, combinados com um tom de otimismo e a expectativa de que venceremos os concorrentes.

A respeito do ambiente em que faremos negócios, insisto em começar com uma avaliação aberta, honesta e sincera dos fatos e em usar isso como a base para o futuro sucesso. Enfatizo a transparência e a constância nas comunicações, com papéis, responsabilidades e atribuições claramente definidos.

Se há necessidade de reconfigurar a organização com redundâncias resultantes, é melhor resolvê-las e eliminá-las durante os 100 primeiros dias. Em geral, você quer se livrar das más notícias o mais rápido possível, por isso comece a construir o futuro com sua nova equipe imediatamente.

Quando eu estava lançando uma oferta para adquirir da Allied Domecq os ativos da marca Tetley de chá e café, conhecida mundialmente, eu tinha uma lista de oito coisas que iríamos fazer na primeira semana após a aquisição da empresa. Uma delas era fechar a sede dos Estados Unidos e reestruturar a organização em duas partes: uma fabricante mundial de chá com administração em Londres e uma de café nos Estados Unidos administrada pela fábrica em Palisades Park, Nova Jersey. Esta teria sido uma estratégia-chave com ramificações de custo significativas.

Nossa estratégia tinha alta urgência e estava atrelada a um período de três anos. Mas no final nossa oferta ficou em segundo lugar e nada disso aconteceu. A oferta vencedora preferiu não seguir nosso caminho e acabou vendendo o negócio após cinco anos.

Ensinamento de Bob: *Aproveite a "permissão especial" inerente a seus 100 primeiros dias e use-a para dar o tom, a direção e a base de custo certos para o futuro.*

Estabeleça Objetivos, Estratégias e Planos

Como diretor-executivo, é sua função definir a direção que o empreendimento tomará. Trabalhando com sua equipe, você precisa estabelecer uma visão clara ou, melhor ainda, um sonho motivacional que seja específico à sua situação e comunicá-lo a todos na organização com a máxima frequência e cuidado possível.

Isto também constitui a base para mapear objetivos, estratégias e planos que darão vida às suas orientações e direcionarão os esforços de seus funcionários. As primeiras questões a esclarecer são estas: O que é um objetivo? O que é uma estratégia? O que é um plano? As organizações podem ficar amarradas se não entenderem essa estrutura simples.

Um objetivo pode ser descrito como uma meta, um resultado ou um "fim". Deve ser mensurável. Uma estratégia descreve os limites em que você opera para atingir os objetivos. Como tal, elas representam o "meio para um fim". Um plano, então, é um conjunto de etapas orientadas para ação, seguidas de acordo com as estratégias para atingir o objetivo.

Se o objetivo for "construir participação de mercado", a estratégia de apoio poderia ser: "utilizar incentivos promocionais para que não usuários experimentem o produto". Um plano que fluísse dele poderia ser: "circular um cupom por correio de valor x na data y."

Estabelecer estratégias é de extrema importância. Ao estabelecer limites, as estratégias ajudam a canalizar os esforços da organização na direção certa e minimizar pensamento e ações sem limites. Eles fornecem o mecanismo para avaliar a força e sensibilidade dos planos ao serem anunciados. A pergunta simples a fazer é: "O plano está de acordo com a estratégia?".

Enfatizo essas definições porque o conceito inadequado do objetivo, da estratégia e do plano invariavelmente leva a um pensamento confuso, à fraca execução e a resultados negativos.

Considere as ações de políticos. Quer envolva o modo como conduzirão a guerra no Iraque ou sua reação ao furacão Katrina em Nova Orleans, os políticos cometem, consistentemente, um ou ambos os erros. O que eles costumam referir como estratégias são, na verdade, objetivos. Quando isso acontece, deixa a população sem saber de que maneira as coisas serão realizadas. Ou o que eles referem como objetivos na verdade são estratégias. Ao tomarem providências diante do furacão Katrina, "reconstruir os taludes não seria um objetivo formulado adequadamente. Quando muito seria uma estratégia. Um objetivo mais relevante seria: "impedir que a água inunde a cidade de Nova Orleans". Reconstruir os taludes seria uma das várias estratégias a considerar como um meio para atingir o resultado desejado.

Em um empreendimento de bens de consumo, um orçamento anual é acompanhado por um plano anual que detalha objetivos, estratégias e planos de ação por divisão e por marca. Coletivamente, estes representam as etapas no curto prazo para se cumprir a visão da empresa no longo prazo, ou o Sonho Motivacional.

Ensinamento de Bob: *Se você não sabe para onde está indo, qualquer estrada o levará lá. Quando conduzir sua organização para frente, concentre-se claramente nos objetivos, estratégias e planos que o levarão para onde você desejará estar.*

Tenha a Estratégia Escrita em sua Testa

Quando eu estava na Kayser-Roth, tivemos ajuda da John Luther & Company em nossa estratégia de reestruturação. John acreditava que as estratégias não valiam muito se não pudessem ser destiladas concisamente, facilmente entendidas e refinadas a ponto de estarem escritas "na testa das pessoas".

Trabalhamos muito para escrever uma declaração em vinte palavras ou menos que captasse tudo o que queríamos que a empresa fosse. Uma vez pronta, foi colocada em cartões, cartazes, camisetas e praticamente tudo o que pudemos colocar pela empresa. O cartão dizia:

A NOVA VISÃO DA KAYSER-ROTH
Tornar-se a Melhor Empresa de *Malharia*
Atendendo a Requisitos de Clientes e Consumidores
Melhor e Mais Rápido que a Concorrência
Por Meio da Qualidade Total

Usamos essa declaração para iniciar cada reunião. Às vezes "repetíamos em coro a declaração, mostrando que faríamos tudo o que pudéssemos em nosso trabalho individual para ajudar a Kayser-Roth a cumpri-la.

A declaração dizia a todos da empresa muito mais do que vinte palavras isoladas. Dizia que estávamos determinados a ser uma empresa de *malharia*; decididos a ser os melhores no que escolhemos fazer; e o caminho para o sucesso seria atender aos requisitos do cliente e do consumidor. Ela nos comprometia a atender às demandas estritas e específicas de um Walmart, e também às demandas mais gerais de varejistas e lojas de departamentos.

Quanto aos consumidores, significava entender as demandas da alta moda da mulher Calvin Klein e as necessidades diárias da mulher que sabe o que quer. Dizia que seríamos exemplares em tudo o que fazíamos em relação aos concorrentes, que nosso compromisso era oferecer produtos melhores e que valorizávamos a rapidez para o mercado.

Finalmente, a declaração nos comprometia a usar o Processo de Qualidade Total em que tínhamos investido como base para tudo o que fazíamos.

Em um mundo onde se pode debater estratégia *ad infinitum*, o que não era debatido era se toda pessoa na empresa sabia o que queríamos realizar. Atingimos o ponto em que isso estava escrito na testa de todos.

Ensinamento de Bob: *Resuma a visão estratégica da empresa a vinte palavras ou menos e comunique-a a todos da empresa da maneira mais simples e sempre que puder.*

Aperfeiçoe os Planos para 100 Dias

A maioria das empresas tem planos estratégicos e anuais. Na Saatchi & Saatchi, temos objetivos estratégicos e planos anuais, mas o que usamos consistentemente é o que chamamos de "Plano de 100 Dias".

Começamos em 1997 quando desfizemos a fusão com a Cordiant e nos lançamos novamente como Saatchi & Saatchi PLC na Bolsa de Valores de Londres e na de Nova York. Sabíamos que como uma nova empresa listada nas bolsas seríamos observados de perto e que um prêmio estaria ligado a um alto desempenho.

Em nossa visão, nossas metas no longo prazo seriam alcançadas dependendo de nossa capacidade de executar uma série de ações estratégicas de curto prazo. Começamos com nosso primeiro Plano de 100 Dias – as coisas-chave que precisávamos realizar nos 100 dias seguintes para estarmos no caminho certo. Deveríamos ter pelo menos seis e não mais de dez objetivos, e cada um deveria começar com um verbo de ação (por exemplo, "Ganhar a conta XYZ").

Mostramos nosso Plano de 100 Dias à diretoria, que foi salientado na organização. Também mostramos o plano em cascata, para todo o empreendimento.

Éramos como um time de futebol de faculdade americana, com uma temporada de doze jogos. Se você se propuser a ganhar todo sábado, sem perceber, vencerá as doze partidas da temporada!

Ensinamento de Bob: *Um Plano de 100 Dias é uma excelente técnica para ter progresso a longo prazo, de uma série contínua de realizações a curto prazo.*

O que É Preciso para Chegar ao Topo?

Red Auerbach ganhou nove títulos na National Basketball Association, inclusive oito diretos, de 1959 a 1966, como técnico do Boston Celtics. Quando ele se reuniu com nosso grupo da General Foods, revelou-nos a pergunta que ele costumava se fazer no fim de cada temporada. Red achava que muitas equipes faziam a pergunta errada: "Como podemos melhorar o desempenho no próximo ano?". Para alguns deles, isso poderia significar subir do oitavo para o sétimo lugar. Em contrapartida, a pergunta que Red sempre fazia era: "O que é preciso para vencer o campeonato da NBA na próxima temporada?".

Essa pergunta não focava a mudança gradual ou o pequeno aprimoramento. Em vez disso, significava que Red já estava se preparando para fazer o que fosse necessário para o Celtics vencer o campeonato de novo, no ano seguinte.

Com muita frequência, procurar pequenas melhorias e não se preparar para fazer o que é necessário para liderar indica falta de visão. A pergunta certa a fazer é: "O que é preciso para chegar ao topo?".

A Publicis Groupe é um bom exemplo de como uma empresa deveria fazer isso. Em 1999, eles eram essencialmente uma rede de propaganda com sede na França. Hoje, como resultado da visão e coragem de Elisabeth Badinter e Maurice Lévy, a Publicis Groupe – por meio de aquisições estratégicas – construiu três redes de propaganda internacionais, o melhor ativo em mídia no seu setor e uma assistência médica e redes digitais destacadas. Ao todo, ocupa o quarto lugar no setor de comunicações de marketing global, de meio trilhão de dólares. Tudo isso resultou por se fazer a pergunta certa.

Ensinamento de Bob: *Não gaste tempo e recursos em pequenas mudanças. Pergunte o que é preciso para chegar ao topo e comece a subir imediatamente.*

Não Pergunte: "O que Está Errado?". Pergunte: "O que Está Certo?"

Quando as pessoas entram em uma empresa com fraco desempenho, com frequência costumam perguntar: "O que está errado?". Isto é o oposto do que deveriam fazer. Em minha experiência, o melhor ponto de partida é perguntar: "O que está certo?". A maioria dos empreendimentos que prosperam faz isso por boas razões, e estas formam a base a partir da qual você pode e deve construir uma empresa bem-sucedida.

Os irmãos Saatchi saíram da empresa que leva seu nome após se desentenderem com o investidor, em 1994. Entrei em cena como diretor mundial da empresa *holding* em julho de 1995. Depois de estabilizar os clientes e funcionários e refinanciar a empresa, contratamos alguém para preencher o cargo de diretor-executivo da rede Saatchi & Saatchi. Ele saiu após seis meses.

Quando Kevin Roberts veio trabalhar conosco em maio de 1997, tinha sido cliente da agência durante vinte anos e sabia bem quais eram seus pontos fortes. Ele entrou com uma estratégia de ligar o passado, o presente e o futuro.

Os irmãos Saatchi construíram uma agência formidável com base em três pilares. O primeiro era o mantra da empresa – "Nada É Impossível". O segundo era uma política de contratação que só admitia pessoas que fossem apaixonadas, competitivas e incansáveis. O terceiro era o entendimento de que a empresa visava ao trabalho – o produto de criação – e em que medida atendia às metas dos negócios dos clientes. Kevin adotou e manteve esses atributos, e eles se tornaram as conexões com o passado.

Para tratarmos das questões que enfrentamos no presente, acrescentamos dois aprimoramentos. O primeiro era a ideia bem audaciosa de que não seríamos mais apenas uma agência de propaganda. Em vez disso, nos reposicionaríamos como uma "Empresa de Ideias". Ideias, evidentemente, são a força subjacente do que se tornam propagandas excelentes e o combustível para transformar os negócios dos clientes. Em segundo lugar, como rede mundial, embutimos a noção de "Uma Equipe, Um Sonho". Estaríamos todos juntos no mesmo barco, agindo no interesse de nossos clientes.

Agora seguimos rumo ao futuro, e esse futuro é construído sobre o conceito de Lovemarks – o futuro além das marcas. Procuramos criar a fidelidade além da razão para as marcas, negócios e reputação de nossos clientes, aproveitando as ligações emocionais enraizadas em mistério, sensualidade e intimidade. Esse futuro está sendo construído sobre os pilares do passado e os aprimoramentos da última década.

Ensinamento de Bob: *Tirar o melhor do passado, ligando-o ao presente e ao futuro desejado, é a maneira mais dinâmica de construir um negócio.*

Às Vezes É Preciso Destruir o Velho e Começar de Novo

Cheguei na Saatchi & Saatchi PLC original depois que os irmãos fundadores saíram e a empresa passou a chamar-se Cordiant. Consistia de redes de propaganda da Saatchi & Saatchi e Bates no mundo todo, e Zenith Media e algumas outras empresas de serviços de marketing.

No primeiro dia, visitei a sede em Londres de todas as principais unidades para me apresentar. Informei quem eu era, minha formação, por que estava lá e o que pensava sobre a empresa; e disse a eles como procederíamos inicialmente.

Então pedi aos chefes da empresa para reunirem todos que eles consideravam relevantes para eu conhecer. Na Saatchi & Saatchi, eram cerca de cem pessoas em uma imensa sala de conferência. Eram homens e mulheres jovens, velhos, altos, baixos, magros, troncudos. No geral, era um grupo bem diverso. Ainda consigo ver o sujeito que estava bem na minha frente. Ele usava uma camisa com uma gravata estampada e tinha o cabelo verde.

Depois, fui para a Bates. Eles reuniram cerca de doze pessoas na diretoria – todos homens, mais velhos que jovens, e todos vestiam terno. Pensei: "Nossa! E estas duas empresas estão no mesmo ramo?".

Após vários meses, descobri que, basicamente, tínhamos uma empresa disfuncional. Os funcionários estavam desanimados e desgastados com os transtornos do passado e com a reestruturação financeira associada. As opções de compra de ações ficaram estagnadas durante anos. As empresas do grupo eram opostas, como água e óleo. Todos gostavam de seu próprio empreendimento, mas não viam valor na empresa *holding* mais ampla. Na verdade, eles não queriam fazer parte dela.

Tivemos que estabelecer estratégias para o futuro com cautela. Em vez de tentarmos fazer milagre, preferimos "destruir o velho e começar de novo". Reconhecemos que as organizações dentro do grupo *holding* tinham

84 LIÇÕES DE LIDERANÇA

culturas e valores distintos, mas a combinação resultava em menos do que a soma das partes.

Tecnicamente, desfizemos a fusão da empresa. A Saatchi & Saatchi e a Bates seguiram caminhos separados, e cada uma tinha 50% da Zenith, a empresa de mídia. As empresas de serviços de marketing acompanharam um dos dois grupos. Para cada duas ações que os investidores tinham da empresa *holding* Cordiant, eles recebiam uma da nova Saatchi & Saatchi PLC e uma da Bates.

Isso deu a todos um novo ânimo e a chance de recomeçar. As novas empresas podiam ligar o passado, presente e futuro usando os aspectos positivos de seu passado como uma plataforma de lançamento. Todos estavam livres para se concentrarem no entusiasmo do futuro em vez de se apegarem ao rancor e aos transtornos dos anos recentes.

Para a Saatchi & Saatchi, desfazer a fusão nos permitiu direcionar nosso sonho motivacional: "Ser reverenciada como a incubadora de ideias criativas que mudariam o mundo". Três anos depois, concluímos uma fusão com a Publicis Groupe of France, tendo as ações um preço 450% mais alto que nosso nível inicial. A situação financeira melhorou a cada ano, desde então, e em 2008 a Saatchi & Saatchi teve o melhor ano da história da empresa.

Ensinamento de Bob: *Depois de identificar os melhores recursos da empresa, destruir o velho e recomeçar pode ser a maneira mais rápida de superar um passado conturbado.*

"Não Deixe uma Vitória Subir à Cabeça"

Como treinador do time de futebol americano do Estado de Ohio, Woody Hayes venceu 13 títulos Big Ten, treinou 56 All-Americans, recebeu três Heisman Trophy como vencedor e totalizou 238-72-10. Ele disse ao nosso grupo da General Foods que o que mais se orgulhava era do fato de, no decorrer de sua carreira como treinador, ter perdido dois jogos seguidos apenas três vezes.

Para Woody, o importante era: "Não deixe uma vitória subir à cabeça, porque o que conta é ganhar constantemente".

Este é um excelente conselho no mundo incrivelmente competitivo de hoje. Com muita frequência, uma empresa está no topo um dia, e cai no dia seguinte. Sim, você quer que sua organização tenha um ano excelente, mas assim que um ano acaba, começa outro; por isso, não há tempo para descansar sobre os louros.

Isso também é importante quando se formulam objetivos. Na Saatchi & Saatchi, competimos agressivamente por prêmios em propaganda, sendo o ponto alto de cada ano o nosso desempenho no Cannes International Advertising Festival. Sem dúvida, gostaríamos de vencer o tempo todo, mas nosso objetivo permanente é estar sempre combatendo e terminar entre os três primeiros, como temos feito na maioria dos anos da última década. Para nós, o que conta é ganhar constantemente. Para nossos clientes, isso se traduz em desempenho consistente no trabalho.

Ensinamento de Bob: *Vencer constantemente bate de longe qualquer vitória isolada.*

Escolha Seu Par com Cuidado

Logo depois de entrar na Cordiant como diretor-executivo, conduzi uma avaliação do setor de propaganda em todo o mundo, dividindo as agências em três grupos – internacional, local e um grupo que eu chamei de "infelizmente, desprevenido". Na ocasião, havia pelo menos dezenove agências que se declaravam, com orgulho, como "redes mundiais". Um exame mais atento indicou que várias delas não tinham realmente os recursos necessários para garantir aquela posição.

Perguntei a mim mesmo: "De quantas redes mundiais o mundo precisa?". Dada a amplitude do setor e as políticas de conflito do cliente, concluí que havia uma necessidade real de pelo menos onze, o que ainda é muito, mas não dezenove. Claramente, podíamos esperar que no futuro não muito distante houvesse consolidação em nosso setor.

Nesse contexto, e dada a situação na Cordiant, nossa primeira missão foi estabilizar e refinanciar a empresa. Depois desfizemos a fusão, dividindo o empreendimento em suas partes componentes principais.

A Saatchi & Saatchi floresceu nessa nova configuração, mas não demorou muito até que os rumores de consolidação, a partir de minha análise inicial, se tornassem realidade. Agarramos a oportunidade e determinamos que nosso parceiro fosse o Publicis Groupe.

A principal razão era que estrategicamente éramos mais importantes para eles do que para qualquer outra empresa *holding*. Imediatamente nos transformaríamos em um empreendimento em rede e os colocaríamos no cenário mundial com forte propaganda e ativos de mídia. Em setembro de 2000, integramos a família Publicis Groupe de empresas e não olhamos para trás.

Logo concluímos que não queríamos ficar por último na dança da consolidação e ficar sem par. Melhor selecionar e escolher seu par, e não ficar sozinho ou com um par inadequado quando a música parasse.

Para nós, na Saatchi & Saatchi, tudo isso funcionou extremamente bem. Para os outros, a música da consolidação continuou a tocar, mas não havia boas alternativas para voltar para casa.

Ensinamento de Bob: *Não seja o último a ficar sem par na dança quando o seu setor está se consolidando.*

O Adquirente Tem Direitos

Participei de duas fusões multinacionais significativas. A primeira foi a aquisição hostil da General Foods pela Philip Morris. A segunda foi a aquisição amigável da Saatchi & Saatchi PLC pela Publicis Groupe. A primeira experiência me preparou para a segunda.

Quando a Philip Morris adquiriu a General Foods, a diretoria mostrou-se sensível ao fato de que se tratava de uma aquisição hostil e se retirou educadamente. Ao mesmo tempo, muita gente na General Foods quis fingir que a vida continuaria como se nada tivesse acontecido e, na medida do possível, os negócios andariam normalmente.

A situação estava problemática e exigia iniciativas para examinar como as duas empresas operariam de modo que se aproveitasse o melhor de ambas. Isso provou ser, em grande parte, um exercício inútil, despendeu-se muito tempo e praticamente em todos os casos as coisas acabaram sendo feitas da maneira como a Philip Morris queria.

Naturalmente, essa experiência afetou imensamente o que eu pensava quando fizemos a fusão da Saatchi & Saatchi com a Publicis Groupe. Determinei que manteríamos nossa cultura e valores distintivos como uma rede independente; mas, do ponto de vista de um administrador, deixei claro que "o adquirente tem direitos" e desde o primeiro dia adaptaríamos nossas atividades ao modo como o Publicis Groupe funcionava. Seguiríamos os procedimentos contábeis deles e os processos e sistemas gerenciais; e usaríamos todos os recursos deles, inclusive seus contadores, advogados, investidores e relações públicas.

Isso foi penoso em certas áreas em que achávamos o nosso modo de trabalhar melhor que o deles, mas não importa – o maior prêmio era integrar-se a um novo mundo de negócios e fazer a empresa funcionar da maneira mais perfeita e harmoniosa possível. Tivemos uma reunião muito franca, por isso não perdemos tempo nem conjecturas. Com o tempo, nas areas em que tínhamos ideias melhores para contribuir, exercemos influência para mudar.

Durante seis anos, participei do conselho de vigilância (a diretoria francesa) do Publicis Groupe, e Kevin Roberts participou continuamente da diretoria (o comitê operacional francês).

Hoje, a Saatchi & Saatchi é uma rede de alto desempenho dentro da família de empresas que compõem o Publicis Groupe. Fomos muito felizes em nossa escolha de um adquirente e superamos as expectativas que acompanharam o investimento deles na Saatchi & Saatchi. Nem todas as transações são tão felizes.

Ensinamento de Bob: *Quando sua empresa for adquirida, adapte-se rápida e totalmente ao modo da adquirente de fazer negócios e siga em frente.*

Selecione a Fórmula Certa para uma *Joint Venture*

Formadas adequadamente, as *joint ventures* podem ser veículos que complementam suas capacidades fundamentais, permitindo que seu negócio se expanda em novos mercados, a um ritmo mais rápido, com investimento mais baixo, chances mais altas de sucesso e poucas das complexidades naturais associadas a uma aquisição.

Mas, se forem realizadas inadequadamente, as *joint ventures* podem envolvê-lo em um empreendimento frustrante, que consome tempo e é difícil de resolver.

O primeiro fator fundamental é ter o parceiro certo. Ambos os lados devem ter a mesma visão e compromisso com o sucesso, bem como ter ativos complementares que assegurem que é possível ter sinergias significativas. As participações devem ser iguais.

Em segundo lugar, para criar um par com excelente desempenho, um dos dançarinos deve conduzir o outro. Isto se resume em como se divide e se dirige a parceria. Em minha opinião, se a iniciativa de risco for estrategicamente fundamental para sua organização, então "ponto seu". Ou seja, você pode ter pelo menos 51:49, ou mais. Se a iniciativa não for estrategicamente fundamental, então "ponto para a outra parte", ou seja, você deve aceitar 49:51, ou menos. Não importa o resultado, o importante é garantir que alguém esteja no comando.

O que dizer de 50:50? Essa fórmula pode funcionar?

Tenho visto algumas *joint ventures* onde 50:50 revelou ser um desastre com o tempo. Mesmo que metas comuns tenham sido partilhadas no início, com o passar do tempo, parece que ninguém conseguia concordar com nada e não existia um mecanismo claro para se chegar a um consenso que levasse a uma solução.

Essas situações negativas aconteceram em grandes empresas em que os papéis de liderança e os profissionais inevitavelmente mudam com o tempo. Nessas circunstâncias, é melhor decidir quem ficará com um ponto a mais ou a menos, logo de início.

Em uma empresa menor, onde os diretores estão envolvidos e espera-se que permaneçam por muito tempo, 50:50 pode ser a única saída. Dessa maneira, ambos os lados se veem em condição de igualdade. É essencial, no entanto, que ambos os lados compartilhem a mesma visão e tenham um entendimento claro e concordem quanto aos seus relativos papéis e responsabilidades.

Ensinamento de Bob: *Joint ventures funcionam, mas somente se você escolher o sócio certo e construir a fórmula certa quanto à propriedade e as decisões a serem tomadas.*

Centralização e Descentralização Não se Misturam

A Philip Morris adquiriu a General Foods Corporation em 1985. Foi uma aquisição hostil porque, como empresa de bens de consumo, a General Foods não queria se tornar parte de um empreendimento de tabaco. Entretanto, a Philip Morris estava endinheirada e precisava perpetuar a empresa, então eles foram em frente com uma oferta de compra de 120 dólares por ação. Em alguns dias, a maior parte das ações passou para as mãos de *arbitageurs* e logo ela foi adquirida. A General Foods deixou de ser uma empresa independente. Em vez disso, tornou-se um componente integral da Philip Morris Companies.

Eram grandes as diferenças entre as duas organizações.

A General Foods era uma empresa que tinha diversos negócios envolvendo uma variedade de alimentos. Alguns eram marcas internacionais de bilhões de dólares como a Maxwell House Coffee, e outros eram marcas locais, altamente sazonais, de 20 milhões de dólares, como a Certo e a pectina Sure-Jell usada para fazer geleias e gelatinas.

A General Foods gastou tempo e outros recursos significativos no recrutamento e desenvolvimento de carreiras, e tinha relações com as melhores escolas de administração do país. O planejamento estratégico era importante, e horas incontáveis foram gastas no desenvolvimento de estratégias com um processo de análise abrangente. A empresa tinha um tremendo recurso humano e um centro de especialistas em praticamente qualquer assunto conhecido no mundo das empresas de bens de consumo. No geral, tinha uma cultura distinta.

A Philip Morris, em contrapartida, era monolítica. Eles conheciam o ramo de tabaco como a palma das mãos, e não lhes escapava nenhum detalhe por menor que fosse. O grande sucesso da empresa veio com o

Marlboro Man cavalgando pelo mundo. Com exceção de sua aquisição da Miller Beer, o tabaco era o único negócio da Philip Morris na época.

As equipes gerenciais de ambas as organizações tiveram inúmeras reuniões pra lá e pra cá, mas, apesar das melhores intenções de ambos os lados, essa aquisição nunca foi um casamento feliz. Provavelmente havia muitas razões para ter sido assim – culturas, pessoas, atitudes, negócios diferentes e assim por diante. Minha explicação é bem simples – centralização e descentralização não se misturam. É preciso ser uma coisa ou outra.

A General Foods, de um lado, era uma empresa altamente descentralizada. Decisões operacionais eram tomadas por país, divisão e marca. As pessoas no comando da empresa tinham pouco ou nenhum envolvimento nas atividades do dia a dia. A empresa era simplesmente diversa demais, por isso, todos os processos gerenciais eram definidos com base no princípio da descentralização.

Por outro lado, a Philip Morris tinha um Comitê de Desenvolvimento de Novos Produtos. Seus membros eram o presidente e o CEO, seus dois predecessores, os chefes das operações dos Estados Unidos e internacionais, e o chefe do planejamento estratégico. Sua responsabilidade era analisar todas as mudanças propostas em embalagens e novas alternativas de produtos antes de entrarem no mercado em qualquer lugar do mundo.

Uma vez que esse comitê historicamente tinha sido altamente eficaz, eles decidiram que ele se incumbiria também dos produtos da General Foods, ampliando o comitê para incluir pessoal da direção da General Foods. No primeiro encontro, os materiais da General Foods que ilustravam todas as mudanças de embalagens e novos produtos para entrar no mundo todo tiveram de ser transportados para a sala em carrinhos para transporte de bagagem. A reunião afundou, vítima de seu próprio peso. Simplesmente não fazia sentido para aquele nível gerencial revisar o mais recente pacote promocional de diversas marcas pequenas.

Em seguida, a Philip Morris também adquiriu a Kraft Foods, uma das poucas empresas internacionais de alimentos altamente centralizada. É bem provável que o dia mais feliz da experiência de aquisição das empresas de alimentos Philip Morris tenha sido aquele em que todos os negócios da General Foods foram integrados na organização Kraft. Finalmente, eles encontraram gerentes com a mesma mentalidade para supervisionar esses negócios díspares, e foi o fim da descentralização.

Ensinamento de Bob: *Centralização e descentralização são o nitrogênio e a glicerina da administração. Separados podem funcionar bem. Misturados são uma receita para o desastre.*

Qual é o Sonho que te Inspira?

Muitas empresas têm uma visão ou declaração de missão. Na Saatchi & Saatchi, temos um sonho inspirador porque os sonhos são mais fortes que visões ou missões. Kevin Roberts disse: "Martin Luther King, Jr. não se pôs diante do Memorial Lincoln e disse: 'Eu tenho uma Declaração de Missão'".

Nosso sonho inspirador capta a essência de quem somos e o que somos. Nosso Conselho de Criação Mundial, dirigido por Bob Isherwood, escreveu a versão original desse sonho em 1997. Foi dito o seguinte:

Sonho Inspirador da Saatchi & Saatchi

"Ser reverenciado como a incubadora de ideias criativas que mudem o mundo e transformem as marcas, os negócios e a reputação de nossos clientes."

Esse sonho inspirador foi tão forte que Kevin Roberts decidiu juntar-se a nós. Ele estava ficando no Beverly Hills Hotel, em Los Angeles, e pensando em entrar para a empresa. Mandei a ele um fax do documento e um desafio: "Seu destino o aguarda". Ele ligou e disse: "Quem não gostaria de fazer parte uma empresa que faz isto?".

Deve-se manter o sonho inspirador o mais sucinto possível. Ele precisa inspirar, diferenciar e fazer sentido para diversos públicos. Para a Saatchi & Saatchi, os grupos relevantes são nossos funcionários, clientes e investidores.

A declaração de nosso sonho envolve muito em cerca de vinte palavras. Primeiro, diz que não queremos apenas fazer nosso trabalho. Em vez disso, queremos fazê-lo tão bem que seremos reverenciados, ou pelo menos reconhecidos pelo que fazemos. Isto não é porque temos grandes egos (embora alguns possam dizer que temos egos enormes), mas porque queremos atrair profissionais talentosos e clientes inovadores para nosso empreendimento.

Em segundo lugar, queremos ser a incubadora de nosso tipo de trabalho – o lugar onde nascem novas ideias e abordagens, e onde acontece tudo o que é mais inovador no mundo.

Terceiro, queremos gerar grandes ideias – de fato, ideias que mudem o mundo –, e não apenas boas ideias.

Finalmente, diz que somos uma organização de prestação de serviço a nossos clientes, e nosso sucesso é visto por meio do sucesso das marcas, negócios e da reputação deles.

Nosso sonho inspirador é uma declaração poderosa. É quem somos. É por isso que as pessoas e clientes nos procuram. Ele define tudo o que fazemos.

Ensinamento de Bob:*Ao elaborar seu sonho inspirador, veja se ele capta a essência de quem é você e o que você faz como organização, então viva-o todos os dias.*

Céu e Inferno na Europa

Na Europa, há uma história que gira em torno do Céu e do Inferno. É assim:

No Céu, os franceses são os cozinheiros, os ingleses são os policiais e os suíços são os banqueiros, os alemães são os mecânicos e os italianos são os amantes. No Inferno, os franceses são os mecânicos, os ingleses são os cozinheiros, os suíços são os amantes, os alemães são os policiais e os italianos são os banqueiros.

Embora formar estereótipos seja perigoso, se não houvesse um fundo de verdade nessa história, ela não faria as pessoas rirem sempre que é contada.

Apesar do surgimento da União Europeia e de sua moeda, o euro, qualquer pessoa que suponha que a União Europeia seja os "Estados Unidos da Europa" está redondamente enganada.

E as empresas que constroem estratégias regionais sem levar em conta as culturas, costumes e valores específicos de cada país cometem uma grande loucura.

Se você é do ramo de bens de consumo, seria bom reconhecer que em cada país e cultura deve-se planejar e executar estratégias regionais.

Só para ilustrar, pegue a xícara de café servida na Itália e compare-a com o café que lhe serviriam na França. O modo de preparo e o sabor que atendem às necessidades do consumidor são completamente diferentes. Ou você já notou que o nome da principal marca de grão de café varia praticamente em todo país europeu importante e que a estrutura competitiva também muda? Cada país tem sua razão por trás de tudo isso e para os vários fatores que criam as diferenças para as quais os profissionais de marketing devem estar atentos e preparados a se adaptar. Elas podem não ser o caminho para o Céu ou o Inferno em si, mas as diferenças, aparentemente, são imensas!

Ensinamento de Bob: *Não construa estratégias regionais com base no pressuposto de que tudo é igual. Entender como os consumidores e mercados diferem de um país para outro é fundamental.*

CAPÍTULO 4

Operações de Negócios: Enxergando além do Óbvio

Sorte É o que Acontece quando o Preparo Encontra a Oportunidade

Woody Hayes contou a meus funcionários na General Foods sobre um jogo de futebol americano que o Ohio State venceu nos últimos segundos, recuperando uma bola perdida e avançando para um *touchdown*[1].

Depois do jogo, ele se aproximou de um jornalista de esportes que comentou: "Cara, vocês tiveram mesmo sorte de ganhar, depois de perderem a bola no final do jogo". Woody retrucou: "Sorte é uma pinoia. Praticamos a recuperação depois de perder a bola, o tempo todo. Sorte é o que acontece quando o preparo encontra a oportunidade".

Tenho certeza de que essa frase não foi criada por Woody, mas sem dúvida foi ele quem a passou para mim, e é um excelente conselho.

Tivemos uma história parecida a essa de Woody quando a General Foods foi a primeira a comercializar o NutraSweet e usou-o para introduzir o Sugar Free Kool-Aid, o mix de bebida Crystal Light e Sugar-Free Jell-O. Algumas pessoas disseram que tivemos sorte por ter sido inventado e aprovado o NutraSweet. O que não perceberam foi que trabalhamos com o fabricante durante oito anos desenvolvendo formulações e os protocolos para a aprovação pela FDA. Contamos com muito mais coisa além da sorte, para obtermos sucesso com o NutraSweet.

Não se pode controlar o acaso, mas é possível controlar a capacidade de lidar com uma situação para tirar a máxima vantagem quando a oportunidade (ou talvez o desastre) aparece. Por exemplo, podem-se imaginar cenários hipotéticos.

No ramo de café, conduzimos um ensaio anual para imaginar o que faríamos se uma geada no Brasil afetasse a nossa disponibilidade de maté-

---

[1] *Touchdown* é uma pontuaçao do futebol americano. Ele vale 6 pontos e é conseguido com o jogador cruzando a linha de gol (entrando na *end zone*) sem ser obstruído. (N. T.)

rias-primas. Também resolvemos com sucesso uma situação que impediria a produção do mix Stove Top porque havíamos iniciado anteriormente a comunicação com recursos que provavam ser valiosos para nós quando a crise ocorreu.

No aspecto pessoal, é possível se preparar para progredir e assumir mais responsabilidades construindo consistentemente a competência em áreas de habilidades fundamentais. Com o preparo adequado, você pode se tornar um candidato atraente de modo que, quando a oportunidade bater à porta, você será aquele que se destacará e será selecionado, e não aquele que será passado para trás.

Ensinamento de Bob: *Você pode fazer sua sorte preparando-se continuamente para tirar vantagem da oportunidade quando ela bater à porta.*

O Recurso Mais Escasso de Todos

O aparecimento do computador pessoal, da internet e da comunicação móvel revolucionou a maneira como as pessoas conduzem os negócios no dia a dia, ao mesmo tempo que também afetou o nível geral de produtividade individual e a maneira de nos comunicarmos.

Entretanto, a explosão no uso do e-mail, de celulares e *smartphones* como o BlackBerry tem um lado potencialmente negativo – estimular as pessoas a gastar mais tempo com o que é urgente do que com as questões importantes do dia. Com muita frequência, as pessoas reagem a esses vários dispositivos de comunicação em vez de controlarem a maneira como empregam o seu tempo.

Tempo é o recurso mais escasso de todos, no entanto, é o único de que cada um de nós dispõe igualmente. Temos as mesmas 24 horas em um dia, sete dias por semana e 365 dias por ano. O modo como se usa o tempo será um determinante importante para o sucesso.

Para gerenciar o tempo adequadamente no ambiente atual, a primeira coisa que se deve fazer é aperfeiçoar a disciplina de escrever o Plano dos 100 Dias. Isto lhe dará uma atualização contínua dos seis a dez objetivos principais que você precisa realizar nos próximos três meses. De uma maneira simples, se uma atividade não se relaciona à execução de seu Plano dos 100 Dias, não reserve tempo a ela. Estipule como meta um mínimo de dois terços de seu tempo para atingir os objetivos em seu Plano dos 100 Dias.

Lido com os e-mails reservando horários específicos para ler e lidar com ele. Assim, evito cair na armadilha de checar continuamente minha caixa de entradas e desviar meu tempo e atenção para isso.

Quanto ao seu telefone móvel, tente desligá-lo ou então apenas envie e receba mensagens em vez de ser continuamente perturbado e ficar preso a conversas não relevantes.

Em um ambiente repleto de informação, você precisa ter muita disciplina para gerenciar seu tempo de modo estratégico e efetivo.

Ensinamento de Bob: *Todos têm a mesma quantidade de tempo, mas as pessoas que separam as questões importantes e urgentes do dia economizam mais tempo.*

Ter Ideias Excelentes

Crescer é fundamental nos negócios, e é vital para um negócio em crescimento ter ideias excelentes.

Para criar um fluxo contínuo, você precisa esperar que as pessoas ofereçam excelentes contribuições que serão reconhecidas e recompensadas de acordo. Você também precisa aceitar que o fracasso ocasional é um subproduto valorizado de uma organização que tem como função principal gerar excelentes ideias.

Você precisa reconhecer ainda que as ideias podem vir de qualquer lugar, e incentivar comportamentos que as produzam.

Na Saatchi & Saatchi, nos posicionamos como uma "empresa de ideias". Por isso, todos os funcionários de nossa agência devem fazer parte do processo de criação de ideias.

Quando lançamos o novo Business Class Service na Delta Air Lines em 1997, fizemos isso com uma "placa viva" no meio da Times Square, na cidade de Nova York. Os passantes podiam subir e sentar-se nos novos assentos, diante dos olhos da multidão. Essa ideia veio do Departamento de Mídia – e não do Departamento de Criação –, embora fosse uma ideia diabolicamente criativa e inovadora.

Na Saatchi & Saatchi em Genebra, Suíça, eles têm um programa chamado "Fifteens", no qual todos os funcionários gastam 15 minutos por dia em um assunto de sua escolha. Esse programa gera grandes ideias que usamos para nossos clientes. É apenas um exemplo de como um programa formalizado pode ser estabelecido para incentivar a criação de ideias.

A Procter & Gamble também tem um bom exemplo de como excelentes ideias podem surgir de qualquer lugar. Em 2000, ficou claro para eles que um modelo "invente você mesmo" não era mais capaz de sustentar altos níveis de inovação e crescimento *top* de linha. De acordo, eles criaram um modelo de inovação "conecte-se e desenvolva" que alavanca as capacidades de seus próprios 7.500 pesquisadores, conectando e acessando o

108 LIÇÕES DE LIDERANÇA

pensamento criativo de 1,5 milhão de inventores externos. Em 2006, 35% de seus novos produtos no mercado tinham elementos originados fora da P&G. A produtividade da pesquisa e desenvolvimento aumentou acentuadamente e seu índice de sucesso com inovação mais do que dobrou.

Ensinamento de Bob: *Excelentes ideias podem vir de qualquer lugar, por isso, espere-as de todos e incentive-as.*

Cultive Grandes Ideias

Ideias geniais raramente lhe ocorrem em sua forma final e em um único dia. Em vez disso, começam como sementes que são plantadas, aguadas, fertilizadas, podadas e cultivadas para produzir algo belo, como as flores.

Por exemplo, vamos tomar uma das maiores ideias de marketing de nosso tempo – Lovemarks.

Kevin Roberts foi quem impulsionou essa ideia. Kevin é um verdadeiro líder em nosso setor e, nesse caso, preocupou-se com o fato de que as marcas estavam perdendo seu poder de influência. A proliferação de marcas e a sofisticação de profissionais de marketing tinha esgotado a maior parte das vantagens do tradicional gerenciamento de marcas. Então, Kevin fez uma grande pergunta: "O que vem depois das marcas?".

Ele achava que as marcas mereciam respeito, mas via uma força maior no poder da emoção. Mistério, sensualidade e intimidade podiam ajudar a fortalecer a lealdade mais que a razão, mas a maior emoção de todas era o amor. Se as marcas pudessem ir além do respeito e a caminho do amor, tudo correria bem. Kevin conversava continuamente com os outros sobre essa noção; ele a explorava em artigos e palestras – no início pensando nela como "Marcas Confiáveis" (*trust marks*) – e continuou investigando o assunto.

Certa noite, Kevin e eu estávamos em Auckland International Airport, Nova Zelândia, aguardando nosso voo para Los Angeles, quando ele começou a falar sobre amor. Eu já tinha ouvido grande parte disso antes, mas dessa vez ele tirou um guardanapo e traçou uma linha horizontal mostrando Respeito em uma ponta e Amor na outra. Ele me disse como as marcas precisavam evoluir do respeito para algo mais – movendo-se de uma extremidade de sua reta para a outra – do respeito para o amor.

Olhei para ela durante alguns minutos e então, recorrendo aos meus estudos de economia e administração na faculdade, sugeri: "Há outra forma de mostrar isso, com mais efeito". Desenhei uma segunda reta, cruzando no meio da reta dele, de Respeito/Amor. A reta dele transformou-se, imediatamente, no eixo Amor/Respeito.

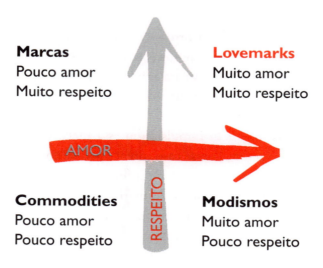

Kevin chamou isso de Lovemarks e atualmente é uma ideia que vale bilhões de dólares para a empresa. O eixo Amor/Respeito é o melhor iniciador de conversas que já vi em negócios. Faça a pergunta: "Você prefere ser querido ou amado?", e ocorre um engajamento universal. Imediatamente, todos querem saber como se classificam pelas medidas do Amor e do Respeito. Agora temos ambos os métodos e métricas para apoiar o eixo Amor/Respeito, e ele se tornou uma ferramenta diária na rede mundial Saatchi & Saatchi.

Ensinamento de Bob: *Cultivar grandes ideias é muito parecido com cultivar flores. Elas precisam ser plantadas, fertilizadas, aguadas e cuidadas com muito carinho até florescerem.*

A Importância da Excelência na Execução

Tento estabelecer consistentemente um clima em que se esperam grandes ideias. Quando elas surgem, reservamos recursos adequados para elas e, o que é importante, reconhecemos e recompensamos nossos funcionários por tê-las gerado.

No entanto, também peço que, ao gerarem ideias, as pessoas estejam preparadas para ficar por perto, dedicando o tempo necessário aos detalhes e assegurando a excelência na execução.

Em minha experiência, uma excelente ideia mal executada é pior que não ter ideia nenhuma, porque ela consome muito tempo, custa muito dinheiro e em geral fracassa.

Com muita frequência, o lançamento de um novo produto fracassa porque a execução no varejo não é adequadamente coordenada com o início da propaganda. A propaganda acontece, as pessoas ficam sabendo do produto e interessadas nele, mas quando vão para a loja, ele não está lá; e quando chega, os consumidores já se esqueceram dele.

Organizações com alto desempenho prestam atenção a detalhes e visam à excelência na execução. Elas reconhecem a tremenda alavancagem nessa área. Prestar atenção aos mínimos detalhes e assegurar a excelência na execução foram a marca registrada das empresas Philip Morris e uma das principais razões para o sucesso de seu negócio essencial (*core business*).

O Walmart é um varejista parecido. Construiu seu negócio fundado na ideia "Preços baixos, sempre", mas são as capacidades de sua organização e a superioridade de seus sistemas que garantem que o produto certo esteja no lugar certo, na hora certa. Novamente, nenhum detalhe é deixado ao acaso.

Ensinamento de Bob: *Um ideia genial mal executada é pior que não ter nenhuma ideia.*

Dando um Passo de Cada Vez

Um foco no curto prazo pode, muitas vezes, colocar ênfase indevida em atividades de redução de custo, que incluem mudanças na fórmula de um produto, o que é um território perigoso para se atravessar.

No primeiro ano, uma marca pode achar que existe paridade "da Fórmula B, de custo mais baixo" com a "Fórmula A, original", e com base nisso muda para a Fórmula B.

No ano seguinte, um novo gerente determina que "a Fórmula C, nova e de custo mais baixo", está em paridade com a Fórmula B, e novamente faz-se a alteração. E assim vai, avaliando-se cada mudança em paridade com a fórmula precedente.

Com o tempo, contudo, os dados levantam preocupação sobre a aceitação do produto mais recente, ou a preferência começa a diminuir. Nesse ponto, um gerente determinado tem a coragem de testar o que então é "a nova Fórmula E", em comparação com a "Fórmula A, original" e descobre, veja só, que não há paridade nenhuma entre elas.

Ocorre que se deu um passo de cada vez, como diz o ditado, e a Fórmula A original é claramente preferida à versão mais recente que está no mercado!

Sem perspicácia nem consideração, uma série de mudanças visando ao custo permitiu inadvertidamente que uma fórmula negativa entrasse no mercado.

Isso pode ser evitado assegurando-se que se sigam três parâmetros para testar qualquer mudança proposta na fórmula:

1. A fórmula que está no mercado
2. O padrão ouro (a Fórmula A, original)
3. A concorrência

Somente aquelas mudanças que mantiverem a paridade entre a fórmula atual e o padrão ouro, e também a preferência em relação à concorrência, devem ter autorização para entrar no mercado.

Ensinamento de Bob: *Cuidado com alterações graduais. Dê um passo de cada vez.*

A Importância de Ser o Primeiro a Chegar no Mercado

No início de minha carreira como gerente de produto na General Foods, fui a uma apresentação sobre lançamento de novos produtos feita pela agência A. C. Nielsen, uma empresa de auditoria de varejo. Ela mostrou que, quando aparecia um novo segmento de mercado, a primeira marca – supondo que houvesse paridade de produto – teria 60% de participação no mercado resultante. Lançamentos subsequentes dividiriam os outros 40%.

Essa conclusão levou-me a valorizar sempre a agilidade ao mercado, mesmo quando minha organização não tinha a ideia original.

Em 1972, eu era gerente do grupo de produtos da linha Gaines de ração úmida para cães que incluíam marcas como Gaines Burgers, Prime, Prime Variety e Top Choice. Nosso concorrente era a Ken-L Ration da Quaker Oats Company. Eles introduziram um produto chamado Ken-L Ration Cheeseburgers para teste no mercado. Estava tendo grande sucesso e eles tinham claramente planos de expansão, mas pareciam ter capacidade limitada porque tinham um plano de lançamento gradual, por região, e não de lançamento nacional.

Decidimos vencê-los no mercado no maior número de locais do país que pudéssemos. Nosso grupo de marketing voou para Kankakee, Illinois, para se reunir com nossos profissionais de pesquisa e operações, e juntos desenvolvemos rapidamente nossa versão de um produto cheeseburger. Acontece que fomos os primeiros a entrar no mercado com os Gaines Burger Cheeseburgers em 60% do país, e os Ken-L Ration Cheeseburgers foram lançados primeiro em apenas 40%. De acordo com as conclusões da Nielsen, a primeira marca lançada acabou liderando na participação.

Em 1980, eu era presidente da Maxwell House Coffee Division quando a Folgers e outras torrefadoras regionais lançaram cafés "de alto rendimento" para teste de mercado. Alto rendimento significava que seis colheres de sopa do novo café renderiam tantas xícaras de café caseiro quanto oito colheres de sopa do café torrado de forma tradicional. Embora houvesse um risco de que todos esses produtos fariam o preço do café abaixar, determinamos que, se fosse para lançá-los no mercado, então deveríamos ser os primeiros a oferecê-los. Desenvolvemos nossa própria tecnologia de torrefação com alto rendimento e a comercializamos com o lançamento nacional do Maxwell House Master Blend. Acabamos sendo os primeiros no mercado e a introdução no primeiro ano superou $150 milhões em vendas. Depois, praticamente todas as marcas de café vendidas em supermercados converteram para variedades de alto rendimento.

No atual ambiente de marketing, o "tempo de exclusividade" para um produto que entra no mercado está ficando cada vez menor. Entretanto, continua sendo verdadeiro que a primeira marca a entrar fica com a parte do leão.

Ensinamento de Bob: *Seja o primeiro a chegar ao mercado com o melhor produto e posicione sua marca como a líder.*

"Três Jardas e uma Nuvem de Poeira"

Organizações bem-sucedidas não se afastam dos fundamentos de seus negócios.

A ofensiva do treinador Woody Hayes no Estádio de Ohio costumava ser descrita como "três jardas e uma nuvem de poeira". Podia não ter sido a ação mais interessante de se ver, mas certamente era uma estratégia ofensiva que funcionava. Para Woody, os fundamentos eram bloquear e atacar. Ele ficava longe do passe porque podiam acontecer duas coisas ruins – este podia ser incompleto ou interceptado.

Uma das mensagens dele para o meu *staff* na General Foods foi: "Concentrem-se nos fundamentos. Não cometam erros, dando à concorrência uma vantagem inesperada".

Para uma empresa de bens de consumo, os fundamentos começam com os "quatro Ps" – *products, posicioning, packaging* e *pricing* (produto, posicionamento, embalagem e preço). Sei que isto é o bê-á-bá do marketing, mas é tão fundamental que acredito que deveria ser dito enfaticamente aqui.

Produto é o que você está vendendo para atender a uma necessidade do consumidor. Se o seu produto é preferido ao dos concorrentes por oferecer o que o consumidor deseja, você está a um quarto do caminho para atingir a posição de liderança no mercado. A maior dificuldade com relação à superioridade do produto é que concorrentes mundiais fazem hora extra para copiar as inovações o mais rápido possível. Empresas como a Procter & Gamble dedicam tempo, atenção e recursos para ficar na frente com suas linhas de produto. Este é um aspecto básico do sucesso deles.

O posicionamento envolve o modo como seu produto é apresentado ao consumidor. Define seu público-alvo, sua estrutura competitiva de referência, a mensagem que você envia e seu diferencial para atender a uma necessidade do consumidor. É o ponto de partida fundamental para seu programa de comunicação e para diferenciar o seu produto na mente do consumidor.

É a embalagem que apresenta seu produto ao consumidor, tanto nas lojas de varejo quanto *on-line* – o que a Procter & Gamble chama de "primeiro momento da verdade". No atual ambiente de marketing, a embalagem é mais importante que nunca. A embalagem precisa ser eficiente, em termos de custo, para ser fabricada, funcional para o varejista, informativa para o consumidor, produzida com sustentabilidade e com um design maravilhoso. Um grande número de embalagens não atende nem sequer a um desses requisitos.

A determinação de preço é o que você cobra do consumidor. Precisa estar alinhado adequadamente com a concorrência, atingir margens de lucro adequadas em relação aos custos de produção e representar bom valor ao consumidor.

Seguir esses quatro Ps pode parecer elementar, mas se você não tiver todos eles corretos o tempo todo, tudo o que você faz, principalmente como um fabricante de bens de consumo, será ineficiente e ineficaz.

Ensinamento de Bob: *Vencer exige ter todos os fundamentos certos, o tempo todo.*

Um Terço dos Consumidores Responde por Dois Terços do Consumo

Como regra geral no marketing de bens de consumo, um terço dos consumidores de qualquer marca responde por dois terços do consumo. Essas pessoas são chamadas de "usuários frequentes". Tenho visto situações em que há uma concentração ainda maior, com apenas 20% dos compradores respondendo por 80% do consumo.

Às vezes ficamos surpresos ao ver o quanto os usuários de peso consomem realmente. Com o Kool-Aid, uma mistura para bebida, às vezes parecia que os usuários frequentes tomavam banho com ele, além de bebê-lo, para matar a sede.

De qualquer modo, os grupos de usuários frequentes são as pessoas que você quer pesquisar e entender até o último detalhe. Você precisa compreender a mentalidade deles, seus hábitos e todos os aspectos de como eles usam o produto e o papel que desempenha na vida deles. Sem o apoio permanente deles, você mal pode esperar conduzir seu negócio em uma direção positiva.

Por outro lado, com um entendimento profundo do comportamento deles, você tem o combustível para gerar ideias que impulsionem e mantenham resultados positivos.

Entender a reação dos usuários frequentes é extremamente importante quando se contemplam mudanças na fórmula de um produto. Essas mudanças devem ser sempre cuidadosamente testadas nesse grupo. Não sei como a Coca-Cola Company realizou a pesquisa da "New Coke" em 1985, mas é difícil entender por que uma pesquisa cuidadosa entre usuários frequentes não expôs o fracasso que se seguiu no mercado, após o lançamento.

O conceito de usuários frequentes e sua importância atualmente permeiam o sistema político norte-americano, em que candidatos democratas e republicanos buscam sua "base".

LIÇÕES DE LIDERANÇA

Essas são pessoas que estão comprometidas; costumam fazer muito barulho acerca de questões individuais e se juntam para conseguir o voto. Sem o apoio da base, os políticos acham difícil vencer as eleições. Sem os usuários frequentes, é difícil para as marcas permanecerem fortes no mercado direcionado para o consumidor.

Ensinamento de Bob: *Identifique e entenda cada detalhe sobre os usuários frequentes de seu produto ou serviço e use esse conhecimento para construir seu negócio.*

Noventa e Cinco Por Cento da Vitória É Antecipação

Outra lição de Woody Hayes é esta: "Noventa e cinco por cento da vitória consiste em antecipar o que o outro time fará". Para Woody, isso se traduzia em um plano de jogo pelo qual os jogadores na defesa antecipavam as jogadas que provavelmente os rivais fariam.

Traduzindo a mensagem de Woody, precisávamos entender melhor nossos concorrentes para estabelecermos uma posição intitulada "Gerente de Análise Competitiva". Quando eu perguntei a um candidato se ele assumiria esse novo papel, ele não sabia bem o que o cargo envolvia.

Eu disse a ele: "Vou ilustrar por analogia. Vamos fingir que contratamos um dos encanadores destacados de Watergate para entrar na sede de nosso concorrente e roubar o Plano Anual e o Plano Estratégico deles. Surpreendentemente, ele nos trouxe documentos idênticos àqueles que você tinha criado, usando apenas fontes públicas de informação". O candidato disse imediatamente: "Entendi!".

Antes de sabermos disso, sabíamos quais eram as capacidades financeira e operacional de nosso concorrente tão bem quanto as nossas. Em geral, sabíamos o que eles fariam antes de eles fazerem.

Woody ficaria orgulhoso!

Ensinamento de Bob: *Entenda seus concorrentes tão bem quanto a si mesmo, e não hesite em explorar os pontos fracos deles.*

Como se Defender do Ataque de um Concorrente

Marcas de sucesso são um convite à concorrência e todos querem entrar no jogo. Quando enfrenta o desafio de um concorrente, não importa o quão bem-sucedido você seja, é preciso montar um "Plano de Defesa". Não fazê-lo pode ter consequências devastadoras.

Pergunte à Scott Paper Company, cujo futuro mudou completamente para pior quando a Procter & Gamble entrou no ramo de papéis.

Eu enfrentei esse desafio três vezes durante minha carreira na General Foods – com a cobertura Cool Whip, o recheio Stove Top e o café Maxwell House, marcas que valiam de 100 milhões a 1 bilhão de dólares.

Os produtos concorrentes vieram da Kraft, da General Mills e da Procter & Gamble, respectivamente. Felizmente, cada um dos novos produtos, quando muito, estava em condições de paridade com o nosso. Assim, nosso plano de defesa consistia de quatro aspectos:

1. Optamos por anunciar mais que o concorrente, numa relação de pelo menos 1,5:1.

2. Atraímos nossos usuários para ficarem "fora do mercado" anulando o estímulo para o consumidor experimentar o novo produto com um esforço nosso, e ligando-o a incentivos de recompra inseridos nas embalagens de nossos produtos.

3. Escolhemos fazer ofertas promocionais comparáveis às do ingressante, mantendo o comércio do nosso lado.

4. Montamos uma sala de guerra, com reuniões toda sexta durante seis meses após o lançamento, para garantir a comunicação adequada e a excelência na execução de nossa parte.

O resultado foi que no café mantivemos a participação de mercado em relação ao novo concorrente, e com os outros dois produtos os novos ingressantes nunca decolaram. Tudo isso custa dinheiro no curto prazo, mas no longo prazo foi um excelente investimento.

Ensinamento de Bob: *Garantir-se é melhor do que se lastimar. Invista em um plano de defesa para garantir a sobrevivência competitiva.*

O "e/e" Vence "ou/ou"

Duas palavras preferidas de Kevin Roberts nos negócios são "e/e". Elas são ouvidas o tempo todo na Saatchi & Saatchi, e nos impedem de seguir o caminho errado ou/ou.

E/e é uma forma de enfrentar as escolhas sempre opostas que os gerentes têm de fazer. Permite que se trabalhe com dois opostos complexos ao mesmo tempo, de modo a um contribuir com o outro. Ou gera uma nova ideia a ser considerada.

Por isso, se estamos em uma reunião sobre orçamento, e alguém diz: "Ou aumentamos a receita ou melhoramos as margens de lucro, mas não podemos conseguir os dois", sabemos que esta é a resposta errada. Devemos fazer ambas as coisas para termos sucesso.

Ou, se estamos em uma reunião sobre novas mídias e alguém diz que a internet tornará a televisão obsoleta (assim como as pessoas chegaram a pensar que a televisão tornaria o rádio obsoleto), de novo, sabemos que esta é a resposta errada. A realidade é que ambos vão coexistir. Sim, novas mídias apareceram, mas a televisão não está desaparecendo. De fato, ela permanece bem forte e está influenciando o conteúdo da web, assim como a web está se tornando um sistema que permite o acesso a programas de televisão.

A Toyota, cliente nossa, é a mestre do e/e. Eles adotam as melhores práticas dos estilos japonês e americano, ao mesmo tempo que se recusam a se comprometer com um ou outro. Adotam o curto e o longo prazos, tendo uma visão clara para 2020 enquanto se concentram nas vendas diárias com paixão. Adotam a inovação e a redução de custo contínuas com novos modelos que são, com frequência, mais espaçosos, potentes, leves, gastam menos combustível e têm mais especificações, ao mesmo tempo que garantem a eficiência de custo para o consumidor.

126 LIÇÕES DE LIDERANÇA

Em geral, o mundo não é branco e preto – ele é cinza (e azul, verde, vermelho, amarelo e rosa). Por isso, é melhor lidar com ele e pensar nele assim.

Ensinamento de Bob: *Evite ou/ou. A resposta correta na maioria das vezes é e/e.*

É Difícil Demitir

Quando cheguei em Greensboro, Carolina do Norte, para chefiar a Kayser-Roth, descobri que eles tinham duas fábricas que forneciam fios para a produção de meias. Investiu-se nas fábricas nos primeiros anos da empresa, sob a premissa de que suas instalações teriam um crescimento vertical, visando-se à redução de custo. Agora, eram candidatas a fechar.

Os investimentos com base na integração vertical podem ir mal, com o passar do tempo. Inicialmente eles parecem atraentes uma vez que eliminam um fornecedor e oferecem um produto com custo mais baixo, usando-se tecnologia e equipamentos conhecidos em um dado período. Com o tempo, no entanto, em geral deixa-se de manter os investimentos para que continuem a ser "de ponta" no setor, simplesmente porque não representam o negócio essencial (*core business*). Aparecem novas tecnologias, os fornecedores que têm esse negócio como seu *core business* investem e inovam e você cai na cilada do ativo. Foi essa a situação que eu herdei. A pergunta era: "O que fazer?".

As pessoas que trabalhavam nas fábricas envolvidas sabiam bem da situação. Um dia, recebi uma carta bem escrita, sincera, da esposa de um funcionário de uma fábrica implorando para que não fechasse a fábrica. Ela falou sobre o longo tempo de serviço do marido, sua lealdade para com a empresa e de seu receio quanto ao que poderia acontecer a eles, se a fábrica fechasse.

A carta foi suficientemente forte para me fazer refletir sobre o que faríamos. Quem era eu para chegar, assumir o novo posto e tomar uma decisão que, realmente, afetaria a vida de tantas pessoas?

Concluí que realisticamente eu tinha uma obrigação maior e um papel mais amplo a desempenhar no futuro da empresa. Fundamentalmente, era minha função tornar a Kayser-Roth um lugar excelente, para que aqueles funcionários continuassem lá. Fechar a fábrica inviável economicamente seria uma situação desastrosa para os que fossem afetados, mas seria um desperdício para os acionistas e injusto com todos os outros funcionários da empresa continuar subsidiando uma atividade que não era mais lucrativa. Este é o dilema do diretor-executivo.

Respondi para a mulher que escreveu a carta agradecendo por suas informações. Fechamos as duas fábricas, mas conduzimos a situação com sensibilidade e cautela. Uma das fábricas foi vendida para um fornecedor, continuou funcionando e os funcionários foram protegidos no acordo de compra. A outra foi fechada e os funcionários foram tratados da forma mais justa possível em termos de indenização, retreinamento e oportunidades de transferência.

Ensinamento de Bob: *Fechar uma fábrica é um dia triste, por isso trate as pessoas afetadas do modo mais justo possível. No entanto, sua maior obrigação é tornar a empresa um lugar excelente para os funcionários que ficarem.*

O que Distingue a Boa Propaganda da Excelente

Quando comecei minha carreira em gerenciamento de produto na General Foods, minhas primeiras tarefas foram direcionadas para a análise de dados da Nielsen e o volume, as atividades de vendas e os planos de promoção. Ao ser promovido para gerente de produto associado, comecei a acompanhar meu chefe às agências, para aprender o trabalho sutil de comentar propagandas.

A empresa também tinha concebido programas de treinamento para auxiliar nesse processo. Um dia, eu estava assistindo a um seminário feito por uma de nossas agências.

Estávamos conversando com o diretor de criação, e eu comentei: "Apresentam muitas propagandas a você. Como distingue uma boa propaganda de uma ruim?". Ele respondeu: "Eu sempre me faço a mesma pergunta. Ela vai claramente ao ponto, de um modo interessante?". Pensei comigo, se isto funciona para ele, talvez eu deva experimentar.

Nos 25 anos seguintes como cliente, quando me apresentavam uma propaganda, eu me fazia a pergunta feita pelo diretor de criação.

"Ela vai claramente ao ponto?" É outra maneira de perguntar: "A propaganda está de acordo com a estratégia?". As marcas gastam muito tempo escolhendo a direção estratégica, e a primeira obrigação de uma propaganda é estar de acordo com a direção escolhida. O segundo ponto, "claramente", reflete simplesmente que a maioria das pessoas é ocupada e se uma propaganda for confusa ou não for clara, é improvável que tenha sucesso. O terceiro ponto, "de um modo interessante", em geral é onde está a ação. E a propaganda precisa engajar o espectador e, finalmente, ser memorável, convincente e autêntica. Os elementos que criam "uma forma interessante" ajudam a fazer isso e o fazem ver a propaganda outra vez.

Em 1995, quando pulei a cerca do lado do cliente para o lado da agência, conheci Bob Isherwood, o diretor mundial de criação da Saatchi

& Saatchi. Bob era um gigante na sua área. Em maio de 2007, tive a honra de participar de uma cerimônia de entrega do Clio em Miami, Flórida, onde ele recebeu o prêmio *Lifetime Achievement Award* (prêmio pela carreira) em reconhecimento ao seu trabalho. Este foi o último, em uma longa e merecidíssima lista de prêmios internacionais que ele recebeu.

Percebi que Bob não estava interessado apenas em produzir boas propagandas. Isso era fácil. O que Bob queria eram excelentes propagandas! Por isso, pedi a ele para definir o que constitui uma propaganda excelente. Ele disse o seguinte:

> "Uma propaganda excelente o agarra pelas emoções e então dá a elas uma força inesperada!"

Ensinamento de Bob: *Como cliente, desenvolva um sistema confiável de avaliar propagandas e então escolha apenas as excelentes.*

Segredos para o Sucesso do Cliente

Nos 28 primeiros anos de minha carreira, fui cliente de agências de propaganda para bens de consumo. Gastei mais de 2 bilhões de dólares em mídia em mais de 60 marcas, trabalhando com sete agências diferentes. Trabalhei do lado da agência na Saatchi & Saatchi, em uma ou outra posição durante 14 anos.

No todo, vi agências e clientes interagirem de ambos os lados da cerca pelo menos durante 40 anos. Por isso, deveria saber algo sobre os fatores que levam à satisfação do cliente. Na Saatchi & Saatchi, tentamos criar e manter o que chamamos de "PICs" – do inglês, *permanently infatuated clients* (clientes permanentemente cativados).

Minha primeira observação a respeito de como ter sucesso nisso vem da época em que eu era cliente. A agência não deve perder de vista a razão para terem sido contratados. Os clientes contratam para terem acesso a ideias novas e criativas, e a comunicações executadas com perfeição que construam os negócios e os façam crescer.

Isso chamou a minha atenção em 1975, quando Bill Phillips era presidente da Ogilvy & Mather, na mesma época em que o café secado e congelado Maxim estava no meu grupo, na General Foods. Nossa propaganda na época não estava alcançando um excelente impacto. Quando visitamos a agência, a equipe da conta começou a reunião apresentando um plano promocional. Não era isso que estavam esperando de nossa agência de propaganda. Bill entrou na reunião, percebeu imediatamente o que estava acontecendo e disse para seus funcionários: "Vejam, uma agência de propaganda não ficará em boa situação apresentando planos de promoção ao cliente. Nossa primeira obrigação é desenvolver excelentes propagandas".

No atual ambiente de comunicações, integrado, onde muitas outras agências oferecem um portfólio cheio de serviços de comunicação estratégica, essa visão não é mais a regra. Mas, no geral, ainda é um bom conselho às agências de propaganda colocar primeiro o que é mais importante (excelentes propagandas) e lembrar-se sempre de que a relação agência/cliente é construída sobre excelentes ideias e comunicações criativas que vendem produtos.

Também enfatizo aqui que o cliente aprecia uma agência que toma a iniciativa e prevê suas necessidades, em vez de sentar-se e reagir apenas às solicitações do cliente.

Na Saatchi & Saatchi, entendemos muito disso porque a Procter & Gamble é cliente da agência e sua precursora há 88 anos, a General Mills há 85 anos e a Toyota há 34 anos. É um desafio que exige a constante atenção ao *staffing* (a equipe que realizará o trabalho), à qualidade do trabalho e à capacidade da agência de atender às necessidades do cliente em ambientes econômicos, sociais e culturais em constante mudança.

Os funcionários da agência devem saber mais sobre a marca e a percepção dela que os clientes. Dada a taxa de rotatividade dos funcionários atualmente, a agência representa, com frequência, a continuidade da história da empresa e também se espera, justificadamente, que esta saiba mais sobre as tendências de consumo e as mudanças no ambiente de comunicações que o cliente. O ritmo de mudança no mundo atual apresenta desafios e oportunidades constantes a esse respeito.

A agência precisa entender os processos gerenciais usados nas operações do cliente e adaptar seus próprios padrões de trabalho para se encaixar nesses procedimentos. Fundamentalmente, a agência está atendendo ao cliente – e não o contrário.

A agência sempre se beneficia de um processo de avaliação abrangente e seguro do cliente. Não há nada como um *feedback* contínuo, aberto, honesto e franco para ajudar a definir o relacionamento.

A agência deve construir relações com o cliente que envolvam toda a organização. As pessoas mudam de emprego, aparecem em outra função e têm visões diferentes, dependendo de seu nível gerencial. A agência precisa entender todas elas. Também é preciso haver alguém do mais alto nível da agência a quem o cliente possa procurar naqueles momentos em que questões delicadas exigem uma resposta imediata e decisiva.

Estes são os ingredientes básicos para um bom relacionamento entre agência e cliente. Uma vez que estejam todos no devido lugar, então, como uma pessoa sábia da Saatchi & Saatchi disse:

"Não dê aos clientes o que eles querem,
dê a eles o que eles nunca sonharam ser possível!".

Em uma nota final, existe uma loja em Westerly, Rhode Island, chamada Sandy's Fine Foods, onde Sarah e eu fazemos compras quando estamos em férias. Eles têm um *slogan* impresso nas sacolas que resume o segredo para o sucesso do cliente. Diz: "Somos uma família, e nossos clientes sempre se sentam à ponta da mesa".

Ensinamento de Bob: *Coloque sempre o cliente na "ponta da mesa", adiante-se e ofereça tudo o que eles o contrataram para fazer.*

"Quem Ficou com o 'R'?"

Quando Kevin Roberts entrou na Saatchi & Saatchi, em maio de 1997, ele trouxe consigo a técnica gerencial RASCI. Foi o melhor processo que encontrei para conduzir decisões sobre assuntos complexos.

RASCI é um acrônimo para atribuir papéis e responsabilidades sobre qualquer projeto. Na Saatchi & Saatchi ele é aplicado da seguinte forma:

R = Responsável. A pessoa comprometida em conduzir o projeto ou tarefa. Como princípio geral, há apenas um R.

A = Aprovar. As pessoas (pode haver mais de uma) que aprovam o projeto.

S = Suporte. Essas pessoas ajudam o R a realizar o trabalho.

C = Consulta. O R pode convocar essas pessoas, para consultoria. Acrescentamos duas regras: (1) um C tem três dias para responder a uma pergunta; (2) o R pode ignorar a orientação.

I = Informar. As pessoas que precisam saber sobre o projeto à medida que este prossegue, mas que não são Cs.

Para nós, às vezes, o R e o A são evidentes, dado o assunto e a estrutura de nossa organização. Mas, outras vezes, a questão não é simples. Em nossa organização altamente matricial e geograficamente complexa, é cada vez mais importante saber como o trabalho será feito, tanto em termos da eficiência quanto da eficácia. Com muita frequência, as pessoas podem duplicar esforços que acabarão provando ser confusos, ou pior, as pessoas poderiam ficar por perto, aguardando a ação dos outros. O RASCI resolve esse problema por nós com uma designação clara, direta de quem fará o que com quem.

No Publicis Groupe, a Procter & Gamble é o maior cliente mundial, e temos mais de doze Diretores de Capital Global (GEDs, do inglês, Global Equity Directors) nas três redes encarregadas de marcas ou categorias

136   LIÇÕES DE LIDERANÇA

individuais. Com frequência, aparece um assunto que transcende todos os GEDs, marcas e categorias. Ao atribuirmos um RASCI à tarefa, todos entendem claramente desde o primeiro dia quem é responsável pelo quê.

Na Saatchi & Saatchi, chegamos ao ponto onde o RASCI é uma maneira de viver, e a primeira pergunta que se faz sobre um tópico que precisa ser decidido é: "Quem ficou com o 'R'?".

Ensinamento de Bob: *RASCI é uma excelente técnica gerencial para esclarecer papéis e responsabilidades na tomada de decisão.*

CAPÍTULO 5

Finanças, Economia ou Dólares e Bom Senso

A Importância da Participação de Mercado

A melhor medida da força de uma marca de bens de consumo é a relação de sua participação *versus* a do seu concorrente mais próximo. Sua participação no mercado representa o efeito líquido dos consumidores que voltam à loja todos os dias. Para calcular a relação de sua participação, simplesmente divida a participação de mercado de sua marca pela participação do concorrente mais próximo. Depois, compare-a com o quadro a seguir que eu desenvolvi, com base em minha experiência:

RELAÇÃO	CATEGORIA
3:1 e superior	Líder incontestável com uma posição economicamente alavancada no mercado, frente à concorrência.
2:1	Líder com privilégio sustentável, mas que não goza de alavancagem econômica significativa.
1,5:1	Líder, mas cuidado, o concorrente mais próximo pode alcançá-lo com uma iniciativa forte.
1:1	Disputa páreo a páreo.

Claro que você quer estar nas duas primeiras categorias. Estas são posições economicamente fortes e sustentáveis. As duas categorias mais baixas exigem que diariamente seja monitorada a sua posição e cada movimento da concorrência.

Se você cair no lado errado das relações precedentes, a vida não é nada divertida. Você descobrirá que, com seus concorrentes no comando, você estará vulnerável a cada movimento deles.

Ensinamento de Bob: *Sua relação de participação frente à do concorrente mais próximo, que vem logo atrás, é a medida principal da força de seu privilégio. Consiga uma relação mínima de 2:1 e mantenha-a.*

Quebrando a Lei de Retornos Decrescentes

Quando se estuda economia, aprende-se sobre a "Lei dos Retornos Decrescentes". A revista *Barron's* define-a como "acima de certo nível de produção, a produtividade aumenta a uma taxa decrescente".

Eu sempre considerei isso de um modo mais geral e simples: com o passar do tempo, sua propensão a crescer ou se aprimorar diminui.

Por exemplo, aprendi a jogar golfe aos 13 anos. A primeira vez que joguei dei 109 *shots* (tiros). No final do primeiro ano, dava 85 *shots,* ou seja, tive um aprimoramento de 24 tacadas. No final de meu segundo ano, dava 75, um novo aprimoramento, mas de apenas dez tacadas. No final de meu terceiro ano, tinha um *handicap* de três, embora eu tivesse progredido na constância, e não em uma redução significativa nas tacadas. Hoje, meu *handicap* é de nove. Estou indo na direção contrária!

Ou, pegue um fabricante que esteja lançando algo novo. No primeiro ano, ele poderia aumentar suas vendas gerais em mais de 100%, mas no segundo ano, um novo aumento de 50% seria extremamente alto. À medida que o tempo passa, a iniciativa requer a gestão cuidadosa para crescer à taxa de mercado.

A Lei dos Retornos Decrescentes em geral toma a forma de uma curva em "S", como é mostrado na página seguinte.

O x no gráfico marca o "ponto de inflexão". Até aquele ponto, o crescimento ou aprimoramento está ocorrendo a uma taxa crescente. Depois de x, segue uma taxa decrescente.

O que você deve perceber na Lei dos Retornos Decrescentes é que ela é universal, sendo aplicada em todas as situações. Pense em um fator, qualquer um. Agora pense em como essa lei se aplica a ele. As iniciativas podem começar a se mover rapidamente, mas inevitavelmente elas perdem a força.

Crescimento/Aprimoramento *versus* Base

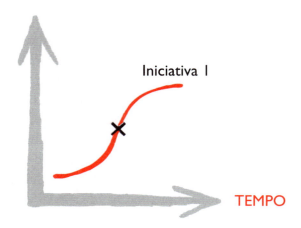

Historicamente, vamos examinar a A&P e a Sears, e para exemplos atuais podemos analisar o Walmart e a Microsoft. Todas são excelentes empresas que passaram do crescimento quantitativo para o gradual. Ao longo dos anos, a Lei dos Retornos Decrescentes afeta todas as empresas. O impacto se baseia em uma questão de tempo e grau. Quanto mais uma empresa fica parada ou amplia modestamente seus negócios atuais, mais rápido isso ocorrerá.

Portanto, a grande pergunta é: "Se a Lei dos Retornos Decrescentes tem aplicação universal, como fazer para continuar crescendo e se aprimorando?". A resposta é simples – você precisa saltar para outra curva! Assim que sua primeira curva estiver "terminando", você deve estar pronto para lançar uma nova iniciativa a tempo de levá-lo para uma nova curva. Graficamente, isso tem esta aparência:

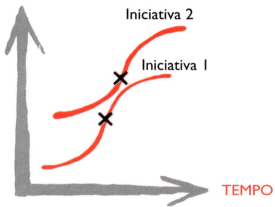

O fundamental é que, quando cada iniciativa se aproxima do ponto onde ela está terminando, sua próxima iniciativa está programada para tomar o potencial que não foi usado e levá-lo para um novo nível. Esse processo contínuo lhe dá a soma das partes, sendo que a iniciativa mais recente fornece um ímpeto de crescimento contínuo.

O melhor exemplo disso hoje é a Apple. Eles introduziram o iMac, que foi seguido pelo iTunes, e depois pelo iPod, que foi seguido pelo iPhone. Através de um processo de inovação contínua, eles continuam saltando para uma nova curva, tendo uma fundação sólida.

No entanto, quando a base de uma empresa se torna incrivelmente ampla, a dificuldade para as novas iniciativas serem grandes o suficiente para realmente moverem toda a empresa é proporcional. Quanto maior for a empresa, maior a necessidade de ideias realmente grandes, e mais difícil será vencer a Lei dos Retornos Decrescentes.

Ensinamento de Bob: *Você não pode ficar parado ou a Lei dos Retornos Decrescentes o pegará. Planeje à frente e continue saltando para outra curva.*

Como Fazer o Planejamento Anual

O planejamento anual em um empreendimento de bens de consumo é um processo necessário e detalhado. Especifica os programas a serem implementados, os requisitos de volume por marca e tamanho, orçamentos e número de funcionários para todos os centros de custo, níveis de despesas com marketing e a expectativa geral de lucro para o ano seguinte.

Para algumas empresas, este pode se tornar um processo introspectivo com uma visão a curto prazo que desconsidera a ligação de uma marca com o mercado. Tal cenário negativo pode começar inocentemente quando a direção estabelece uma meta anual de crescimento do lucro para a empresa – digamos 10% sobre o de um ano atrás –, e antes de você saber isso, cada marca está planejando um aumento no lucro de 10%.

O próximo passo negativo pode ocorrer quando os planejadores começam lá embaixo, no final da demonstração dos resultados, com uma expectativa de 10% de lucro adicional e trabalham daí para cima. Usando essa abordagem, o lucro se torna o determinante do plano de ação, em vez de os resultados dos esforços da organização. Sem que você perceba, o foco fixa-se em medidas a curto prazo como fórmulas para reduzir custos, a diminuição das despesas com marketing e mudanças da publicidade para promoções, acompanhadas por um efeito corolário de redução na participação de mercado ou no volume. A marca que segue esse caminho está embarcando em um curso que eu chamo de "círculo vicioso de alavancagem negativa".

A maneira adequada de fazer o planejamento anual é insistir para que o processo comece pelo mundo externo dos consumidores e concorrentes. Analisar e atender às necessidades do consumidor, que evoluem, enquanto se antecipa o que a concorrência fará, é fundamental para o sucesso. Os programas de marca devem visar ao aumento da preferência do consumidor e ao abrandamento das ações da concorrência.

O processo de quantificação deve começar no início da demonstração dos resultados, com dados sobre os clientes e a receita baseados na projeção do volume derivada de suposições sobre o mercado e sobre o crescimento da participação. As atividades de determinação de preços, de gerenciamento de despesas e de custos devem fluir de estratégias, princípios e planos acordados. A previsão de lucro deve ser o resultado de tudo o que você faz, e não o fator determinante.

Quando o planejamento anual é feito adequadamente, ele assegura seus objetivos de lucro no curto prazo e também suas ambições no longo prazo.

Ensinamento de Bob: *Faça a demonstração de resultados de cima para baixo, começando pelo mundo externo dos consumidores e da concorrência.*

Não Seja Derrotado por Aqueles que "Jogam Baixo"

Em março de 1970, fui designado para trabalhar como gerente de vendas do distrito de Washington, D.C. durante um ano, para a divisão da General Foods. O objetivo era aumentar minha exposição aos clientes e me fornecer uma nova dimensão gerencial, além da chance de ver como a sede funcionava (ou não) da perspectiva do trabalho em campo. Foi uma experiência incrível.

Eram 24 distritos de vendas organizados em cinco regiões. Eu me reportava a um gerente de vendas regional que era responsável por cinco distritos, cada um representando cerca de 20% do volume da região. No final do trimestre, fazíamos nossa reunião usual para confirmar a previsão de vendas de cada gerente distrital para o trimestre corrente e revisar os planos para o trimestre seguinte.

Nossas previsões coletivas eram cerca de 100 mil unidades a menos que as expectativas de orçamento. Determinado a eliminar essa defasagem, o gerente regional perguntou quem estava disposto a aumentar sua estimativa de vendas. Por outro lado, ele planejava estipular novas metas com a expectativa de que fossem alcançadas.

De repente, o gerente distrital sentado ao meu lado – um veterano esperto conhecido como "O Pregador" – levantou-se e iniciou um monólogo sobre como seu pessoal reagiria ao desafio de alcançar um número mais alto. Então ele disse especificamente: "Aumentaremos nossa estimativa em 10 mil unidades!".

O próximo veterano esperto se dispôs imediatamente a alcançar o que o Pregador ofereceu.

Rapidamente, eu fiz os cálculos e vi o que estava acontecendo. Em vez da parcela justa do aumento – 20 mil unidades –, os veteranos estavam se "voluntariando" a conseguir a metade da quantidade. Os outros e eu ficamos em desvantagem. Restaram 80 mil unidades para serem divididas em três.

Este novato aprendeu a lição, e nunca mais foi pego desprevenido por aqueles que "jogam baixo".

Embora essa história tivesse ocorrido em um ambiente de vendas, você pode encontrar esses sujeitos em todas as organizações, principalmente na época de elaboração do orçamento; por isso, você precisa ter uma noção clara do que é viável e justo. Quando você está tentando alcançar o último incremento de desempenho, é importante que todos contribuam plenamente com a parte justa.

Ensinamento de Bob: *Quando você estabelece metas, assegure que todos assumam responsabilidade por sua parte.*

Cumprindo Orçamentos em uma Organização Cliente

Na General Foods, sempre desenvolvemos um orçamento anual – por marca, categoria, divisão e país. Isso determina nossas expectativas de volume, receita e lucro para o ano.

Eu costumava pensar que esses orçamentos e as suposições em que eles se baseavam eram "nosso melhor pensamento em um dado momento". O que a empresa precisava, em último caso, era atingir os resultados gerais adequados ao que ocorria no contexto da dinâmica de mercado do mundo real. Inevitavelmente, o primeiro dia do novo ano fiscal chegava, e começávamos a medir variações *versus* as suposições feitas no orçamento e, portanto, começávamos o processo de fazer correções de curso.

Em nenhum lugar isso era mais verdadeiro que nos negócios de café. O componente subjacente de nossa estrutura de custo (o preço do grão de café verde, não torrado) tinha volatilidade diária de *commodity* que criava implicações de custo e, possivelmente, de determinação de preços. Os gastos competitivos também podiam variar – por elemento, marca e mercado. Além disso, com frequência ocorria algum imprevisto que exigia providências.

Felizmente, tínhamos uma organização de linha talentosa e extensos recursos humanos para resolver essas questões. Nossos gerentes incluíam indivíduos espertos, altamente analíticos, que usavam o lado esquerdo do cérebro. Eu os encarregava de explorar o que eu chamava de "o mundo infinito de soluções possíveis". Isto significava que eles precisavam ser flexíveis e estar preparados para equilibrar todas as variáveis *versus* as suposições originais para assegurar que chegássemos aos resultados gerais desejados.

Se o preço do grão de café verde variava por tipo, podíamos usar misturas alternativas equivalentes. Se os gastos competitivos aumentavam na Marca A no Mercado 1, podíamos ajustar os gastos para cima ou para baixo nos Mercados 2, 3 e 4. Se um evento inesperado ocorresse no mercado, podíamos responder lançando uma nova variação de produto nosso, ou antecipar a data de começar uma iniciativa planejada. Tínhamos de ficar acima dos eventos do mundo real e assegurar nossa flexibilidade e capacidade de reagir ao lidar com eles.

Escrevemos estratégias com base em princípios de longo prazo, mas estávamos constantemente cientes de como variar a execução para adaptar às realidades do mercado. Em nosso planejamento, concebíamos muitos cenários hipotéticos para nos prepararmos para lidar com mudanças, à medida que elas ocorriam.

Esse processo gerencial produzia, inevitavelmente, o resultado final desejado.

Ensinamento de Bob: *Gerenciar o mundo infinito de soluções possíveis é a melhor forma de fazer orçamentos em uma organização cliente.*

Cumprindo Orçamentos em uma Agência de Propaganda

Eu sabia que trabalhar em uma agência seria uma experiência muito diferente de ser cliente, principalmente na elaboração de orçamentos e na gestão de um plano anual.

Como clientes, estabelecíamos orçamentos de modo *bottom-up* (de baixo para cima), e a gestão do plano anual incluía ficar no topo do mundo infinito de soluções possíveis. Para cumprir o plano, tínhamos legiões de profissionais altamente especializados em análises e uma equipe extensa de apoio financeiro.

Na agência, este não era o caso. Você trabalha com criação para atender a clientes. Muitas variáveis financeiras estão fora de seu controle. Seus ativos são as pessoas que sobem e descem os elevadores todos os dias, e seu recurso mais escasso é o tempo que leva para ter uma grande ideia e produzir uma propaganda genial.

Portanto, faz pouco sentido passar por um longo processo orçamentário de baixo para cima, e certamente você não pode achar que conseguirá gerenciar um "mundo infinito de soluções possíveis" para produzir o resultado final desejado, associado às expectativas de lucro.

Em vez disso, você precisa fazer uma projeção *top-down* (de cima para baixo) razoável de receita, e estabelecer limites aos custos incorridos quando obter aquela projeção de receita. Inevitavelmente, isso se estende a estabelecer limites ao número de funcionários e derivar centros de custo.

Chamo isso de "determinar o montante de recursos disponíveis". A justaposição das projeções de receitas razoáveis aos limites dos recursos disponíveis determina o lucro em um negócio que oferece serviços.

Você poderia perguntar: "Como você consegue que isso não gire em uma espiral sem-fim de diminuição de funcionários e redução de custos?". A resposta é: você precisa se certificar de que sua organização assuma o compromisso de aumentar a receita mais rápido que a taxa de mercado e seja capaz de fazer isso, gerando, portanto, o crescimento na participação de mercado.

Isto porque qualquer agência bem administrada deveria ser capaz de converter a receita incremental em uma margem mais alta de lucro do que acontece com as indústrias de base.

Se a agência só aumenta a receita de modo a se equiparar ao mercado, ela poderá compensar a inflação e se manter à frente da concorrência, mas fará pouco mais do que ampliar seu quadro financeiro.

É a capacidade de aumentar a receita mais rápido que o mercado que produz a disponibilidade de adicionar pessoas e acomodar custos mais altos enquanto se alcançam margens e lucros mais altos.

Ensinamento de Bob: *Aumentar receitas mais rápido que a taxa de mercado e determinar o montante de recursos disponíveis são ações fundamentais para se cumprirem orçamentos em uma agência de propaganda.*

"Se Eu Soubesse qual Seria o Preço do Café Verde Amanhã, Não Estaria Trabalhando Aqui"

Quando eu era presidente da Maxwell House Coffee Division na General Foods, Paul Keating, um dos membros de minha equipe, era nosso comprador de café verde. O grão de café verde é a matéria-prima que é torrada antes de ser embalada como produto final. Paul comprava 600 milhões de libras de café verde por ano, tornando-se o maior comprador de café do mundo. Ele conhecia todos os produtores e bolsas da *commodity*. De fato, ele entendia mais de café verde do que qualquer pessoa no planeta.

Um dia, estávamos conversando sobre a previsão de preços de café verde e Paul disse: "Veja, se eu soubesse qual seria o preço do café verde amanhã, não estaria trabalhando aqui".

Essa afirmação simples, mas sábia, me fez parar e refletir. Se Paul entendia mais do assunto que qualquer pessoa, e nem ele podia ter certeza, então realmente ninguém saberia! Assim como acontece com os preços de outras *commodities*, câmbio e preços de ações, não há como se saber objetivamente. Quando muito, podem-se fazer considerações bem embasadas. Desse modo, todas as estratégias devem ser capazes de funcionar de ambas as formas – como iremos nos comportar se o preço subir, e onde vamos parar se ele descer?

A outra questão que isso implicava era: "Como alavancamos nosso conhecimento, se de fato entendemos mais sobre isso do que qualquer pessoa?".

Começamos articulando possíveis estratégias de compra, e desenvolvemos um modelo que simulava a compra de 1/250 de nossos requisitos anuais a cada dia, ao preço real. Depois de analisar nossas estratégias alternativas, ficamos convencidos de que poderíamos ter um desempenho 7% superior ao modelo, ou 4 centavos de libra em um preço médio de 59 centavos. Na verdade, tínhamos um desempenho acima do parâmetro todos os anos, e ao medirmos os resultados com relação a um padrão, aprimo-rávamos continuamente nosso desempenho. O conhecimento certamente provou valer alguma coisa!

Ensinamento de Bob: *Com questões como taxas de câmbio, commodities e preços de ações, não se pode saber realmente o que o amanhã trará. Prepare-se para lidar com o movimento em qualquer direção e alavanque seu conhecimento.*

Existem Três Cs na Determinação de Preços

Estabelecer o preço certo para o seu produto ou serviço, enquanto este é gerenciado adequadamente ao longo do tempo, é uma das tarefas mais importantes nos negócios. O preço é alto demais e você pode ter um lucro alto por unidade, mas não vender muito. O preço é baixo demais e você pode vender muitas unidades, mas não ganhar muito dinheiro.

Toda marca deve ter uma estratégia de determinação de preços. Uma boa estratégia tomará como parâmetro de preço para o seu produto os "Três Cs" – Concorrência, Custos e estrutura de valor para o Consumidor.

Vamos usar a gelatina de marca Jell-O como exemplo. O primeiro parâmetro seria um diferencial de preço definido por caixa em relação aos produtos concorrentes de outras marcas e também aos de marcas próprias. A Jell-O tem uma alta participação de mercado e, portanto, pode obter um preço *premium*, mas deve estar dentro dos limites definidos.

O segundo parâmetro seria relativo aos custos. Os elementos básicos de custo na Jell-O são açúcar e gelatina, e ambos têm variações no preço de *commodity*. Entretanto, esses fatores representam custos partilhados e as variações para mais e para menos devem ser cobertas por todos os fabricantes. A expectativa para o parâmetro relacionado ao custo seria que a Jell-O repasse as variações de custo e mantenha a lucratividade como percentagem da receita.

O terceiro parâmetro manteria a Jell-O em conformidade com o valor geral ao consumidor. A Jell-O é, basicamente, uma alternativa de sobremesa. Desse modo, podemos criar um índice de preço composto para alternativas de sobremesa e fixar o custo da Jell-O para competir, seguindo uma relação definida com esse índice.

Às vezes, as metas de parâmetros para os Três Cs podem entrar em conflito umas com as outras. Nesses casos, devem ser atribuídas prioridades. Para a maioria das marcas, manter a relação adequada de preço com a concorrência em geral representa a prioridade máxima.

Uma boa estratégia de determinação de preços também define a empresa no mercado que lidera na determinação de preços. A melhor situação é que a sua marca lidere, deixando todos os concorrentes reagirem à sua estratégia. Agir com coerência é a chave para que isso aconteça.

Ensinamento de Bob: *Uma estratégia de determinação de preços controlada é essencial para a saúde financeira e a posição competitiva de seu produto. Defina as metas de parâmetro para os Três Cs e siga-as.*

A Determinação de Preços Segundo Adam Smith

Tendo me formado em economia, em Harvard, aprendi sobre a "lei da oferta e da procura" de Adam Smith que o preço é o fator que equipara essas duas variáveis. Um exemplo em primeira mão na General Foods tornou-a muito clara para mim.

Eu era gerente adjunto de produto da TANG, a bebida que os astronautas levaram na Apollo para a Lua. Foram tempos felizes para a marca. As imensas safras de laranja na Flórida se acabaram e surgiram novas oportunidades de crescimento. Comecei minha incumbência três meses antes de Wally Schirra decolar no primeiro voo da Apollo e concluí-lo na sexta-feira, antes de Neil Armstrong pisar na Lua.

O TANG era um substituto do suco de laranja congelado, e vinha em envelopes para ser diluído em recipientes de 200, 500 ou 750 ml. Os consumidores o dissolviam principalmente em copos, misturando a quantidade adequada do pó com a quantidade de água indicada. A concorrência – suco de laranja congelado – vinha em embalagens de 150 ml e misturava-se o pó na água para fazer uma jarra de 670 ml.

No todo, eram duas maneiras bem diferentes de se obter um copo de suco sabor laranja e ingerir Vitamina C!

Os gênios em nosso departamento de pesquisa de mercado chegaram a um modelo estatístico para prever as vendas de TANG. Eles incluíram os níveis de despesas em promoção e propaganda e outras informações relacionadas às variáveis de mercado.

O modelo mostrou que, apesar de toda nossa atividade de marketing, a correlação básica com vendas ainda era o que se chamava de "Diferencial de Preço TANG/Suco de Laranja Congelado" por 30 ml de suco reconstituído. Da mesma forma que nas leis da economia, quanto mais barato o TANG fosse, relativo ao suco de laranja congelado, poderíamos esperar ter mais vendas.

158 LIÇÕES DE LIDERANÇA

O que era interessante nessa conclusão era que, dadas as diferenças na natureza física e como os produtos eram embalados e preparados, certamente os consumidores não estavam fazendo os cálculos para comparar preços com base em mililitro de suco reconstituído. Aquele cálculo era praticamente impossível. Em vez disso, concluí, os consumidores devem ter uma "sabedoria infinita" a respeito da comparação de preços. Talvez fosse uma noção inata de quanto tempo o TANG ficava no armário *versus* o suco de laranja congelado na geladeira.

Qualquer que fosse a explicação, era um exemplo da vida real de que as leis da economia são verdadeiras, e que se deve respeitar totalmente a sabedoria do consumidor.

Ensinamento de Bob: *É impossível desafiar as leis da economia. Os consumidores têm uma sabedoria infinita acerca de preços.*

CAPÍTULO 6

Lições de Liderança

O que É Liderança?

Liderança é um assunto tratado em inúmeros livros e estudos. Apesar de todos esses esforços, parece manter certa qualidade mística ou vaga.

Certa vez, procurei sua definição no dicionário Webster. No verbete "liderança" dizia: "ofício ou posição de um líder". Isso não ajudava muito, então fui para "líder", e dizia o seguinte: "pessoa que lidera; uma pessoa que dirige uma força ou unidade militar; e uma pessoa que tem autoridade ou influência de comando". Concluí que o Webster não sabia muito sobre liderança.

A definição mais simples que ouvi é: "líder é alguém que tem seguidores". Certa vez usei essa definição ao demitir um funcionário de uma importante posição de liderança. Disse a ele: "Um líder é alguém que tem seguidores, e a realidade é que você não tem nenhum". Essa afirmação grosseira falava muito sobre a natureza do problema e não havia muito a ser dito depois dela.

A definição mais completa e clara de liderança que eu já encontrei é a de Mike Vance, consultor gerencial que fala sobre o assunto. Segundo ele,

Liderança é a capacidade de
estabelecer padrões
e gerenciar um clima
criativo em que as pessoas
fiquem automotivadas para
o domínio de objetivos construtivos
no longo prazo, em
um ambiente participativo
de respeito mútuo, compatível
com valores pessoais.

As palavras e frases principais nessa definição são: *estabelecer padrões, clima criativo, automotivadas, domínio, longo prazo, participativo e respeito mútuo.*

Eu assumi a presidência e a direção da Kayser-Roth porque acreditava que o principal ingrediente que a empresa não tinha era o tipo de liderança que eu podia oferecer. Na primeira vez que me dirigi à organização, declarei corajosamente: "Vim aqui para liderar a guinada no desempenho dessa empresa". Então me concentrei em como faria isso.

Uma tarefa fundamental era mudar o conceito geral do que constituía um desempenho ideal. A empresa carregava a reputação de ser um empreendimento com baixo desempenho, financeiramente não saudável. Como diria Mike Vance: eu tive de "estabelecer padrões".

Antes que eu pudesse fazer isso, tive de me afirmar como uma pessoa digna de crédito, que merecia a confiança da organização. Como líder, você não pode esperar ter seguidores que o apoiem sem primeiro estabelecer a confiança. Minha estratégia para atingir isso foi ter um contato pessoal com cada funcionário da empresa e partilhar com eles minha visão e expectativas.

Estabeleci três expectativas iniciais para todos nós. A primeira era que nosso relacionamento seria caracterizado pela abertura, honestidade e respeito mútuo. A segunda era que as pessoas se responsabilizariam pelos resultados em suas áreas e tomariam a iniciativa de fazer as coisas acontecerem da melhor maneira possível. A terceira era reconhecer que para ser efetivo, eu tinha de estar bem-informado.

A partir dessas reuniões pessoais, comecei a saber detalhes sobre a empresa que me ajudaram a determinar a direção adequada do negócio, estabelecer objetivos e estratégias e formular planos para o futuro. Esses se tornaram veículos tangíveis para lançar o conceito de desempenho ideal e estabelecer padrões. Em dois anos e meio éramos um empreendimento lucrativo, em crescimento, que acabou se tornando uma aquisição atraente. Sem o primeiro passo fundamental de preparar o terreno para exercer a liderança e ganhar a confiança dos seguidores, isso nunca teria acontecido.

Ensinamento de Bob: *A liderança é intangível. O primeiro passo é ganhar a confiança das pessoas com quem você trabalha. Todo o resto vem disso.*

Presidentes e Diretores-Executivos

Trabalhei para empresas e participei do conselho de diretores de empreendimentos nos Estados Unidos, no Reino Unido e na França.

Naturalmente, cada um tem sua cultura distintiva e a governança corporativa varia consideravelmente dentro e entre os três países. Nos Estados Unidos e na França, as empresas tendem a conferir todo poder nas mãos de um único presidente e diretor-executivo, enquanto no Reino Unido as duas funções costumam ser separadas.

As exigências feitas ao profissional que dirige uma empresa de capital aberto no atual ambiente global de negócios nunca foram tão grandes. Muito da recente literatura sobre o assunto sugere que as funções de um cargo cresceram acima das capacidades de qualquer indivíduo. Contudo, algumas pessoas parecem desempenhar as atividades exigidas por seu cargo, com confiança.

Com base em minha experiência e na simples noção de que duas cabeças pensam melhor que uma, acredito que os papéis duais devem desaparecer. Essa abordagem requer dois indivíduos fortes, com capacidades complementares, cada qual com um claro entendimento e aceitação de seus papéis e responsabilidades, bem como o reconhecimento das respectivas forças e fraquezas pessoais.

O exemplo real que dou para isso é a dupla que Kevin Roberts e eu formamos na Saatchi & Saatchi há mais de uma década. Quando éramos a Sociedade de Responsabilidade Limitada com sede na Inglaterra, que operava independentemente, eu era o presidente-executivo e Kevin era o diretor-executivo. Eu fazia "toda a parte da empresa de capital aberto" e ele dava todas as "ideias e fazia o trabalho de criação". Eu dirigia o conselho e trabalhava com nossos contadores, advogados, banqueiros e investidores. Ele trabalhava com nossos valiosos clientes e funcionários na organização mundial.

Partilhávamos a mesma visão para a empresa. Cada um sabia exatamente o que tinha de fazer. Trocávamos informações um com o outro, apoiávamos as necessidades um do outro e da organização, e éramos sempre uma única voz.

Depois que vendemos a empresa para o Publicis Groupe, Kevin tornou-se o único diretor-executivo mundial, e eu assumi o papel de presidente não executivo. Aconselho, oriento e mostro o panorama, dando minha opinião com base em minha experiência; e cabe às pessoas escolherem se os seguem ou não. No caso de Kevin, às vezes ele segue, às vezes não, mas ele sempre ouve.

Além disso, posso dizer ou escrever coisas para ele que os outros poderiam ter dificuldade de dizer, simplesmente porque eu não tenho expectativas pessoais para o futuro, na empresa. Às vezes em reuniões, alivio a pressão para Kevin dizendo o que obviamente precisa ser dito, embora a mensagem possa conter uma observação negativa. Eu também sei quando ficar calado.

Ensinamento de Bob: *É melhor ter duas cabeças pensando que apenas uma, e elas funcionam otimamente quando há um claro entendimento dos papéis e responsabilidades relativos aos indivíduos envolvidos.*

A Arte e a Ciência de Selecionar
o Diretor-Executivo

Não há tarefa para uma empresa que seja mais importante do que selecionar o diretor-executivo. Uma empresa pode ter apenas um líder e, se esta não for a pessoa certa para o papel, poderá cair rapidamente.

Tendo testemunhado escolhas boas e não tão boas de CEOs em vários ambientes, cheguei à conclusão de que fazer a seleção certa é tanto uma arte quanto uma ciência. O melhor artigo que li sobre o assunto foi escrito por Harry Levinson, cujo título é "Critérios para Escolher Diretores Executivos", apareceu na edição de julho-agosto de 1980 da *Harvard Business Review*. Harry Levinson é psicólogo e fundador do Levinson Institute.

Usei esse artigo inúmeras vezes para autoavaliações e para avaliar os outros. Cada vez, descobri que ele estava altamente correlacionado com o sucesso no cargo.

No artigo, Levinson enumera vinte dimensões de personalidade que ele descobriu serem as mais importantes na maioria das vezes, e também apresenta uma escala de características para usar na avaliação do comportamento em face dessas dimensões. As dimensões são divididas em três categorias: Pensamento; Sentimentos e Inter-relações e Características do Comportamento Externalizado.

O quadro a seguir mostra as cinco dimensões (na ordem em que apareceram no artigo) que eu considero serem as mais importantes, dispostas contra as duas últimas do que Levinson lista como cinco escalas para avaliação.

166   LIÇÕES DE LIDERANÇA

Pensamento	Escala	→
1. Capacidade de abstrair, conceitualizar, organizar e integrar diferentes dados em uma estrutura coerente de referência.	Pode criticar a teoria e usá-la para pensar nos negócios a longo prazo.	Síntese enciclopédica; capaz de organizar e integrar princípios, valores, conceitos e informações criativamente de uma ampla gama de artes e ciências.
4. Julgamento, sabe quando agir.	Bom julgamento, geralmente vê o quadro geral, mas tem pontos cegos em algumas áreas.	Excelente julgamento, muito poucos erros ao longo dos anos.

Sentimentos e Inter-relações	Escala	→
6. Adota uma orientação vigorosa quanto a problemas e necessidades da organização.	Ataca problemas taticamente de novas posições e consolida forças. Subordinados dispostos a seguir.	Ataca o problema estrategicamente, com alvos bem definidos. Planeja a longo prazo, avançar passo a passo, irredutível, à frente da concorrência.
12. Comunicativo, causa uma boa impressão.	Apresenta-se bem em público, mas tem dificuldade para lidar com perguntas provocativas e com plateias hostis.	Extremamente apresentável, tem um vocabulário amplo. Inspira a confiança do público, percebe os humores do público. Respeitado pelos colegas por verbalizar e apresentar os problemas deles.

Características do Comportamento Externalizado	Escala	→
16. Visão, tem clareza da progressão de sua própria vida e carreira.	Metas bem definidas, mas o comportamento sugere que a agenda pessoal, para a qual a organização é um dispositivo, é de fundamental importância.	Metas bem definidas, consistentes com as necessidades e valores da organização, perseguidas consistentemente.

Reimpresso com autorização da *Harvard Business Review* de "Criteria for Choosing Chief Executives", de Harry Levinson, julho-agosto de 1980. Copyright © 1980 por Harvard Business School Publishing Corporation. Todos os direitos reservados.

As dimensões enumeradas no lado esquerdo são de fundamental importância para um CEO. As características de avaliação na escala à direita têm um caráter esclarecedor. As diferenças à medida que você se move pelo quadro da esquerda para a direita podem ser bem acentuadas.

Em minha experiência, as pessoas que se qualificam para a cadeira do diretor-executivo precisam estar o tempo todo à direita da escala de avaliação em 85% de todas as vinte dimensões.

Ao usar essa ferramenta para selecionar os aspirantes a CEO, obviamente você a complementa com seu registro de realizações. É provável que seja um alto nível para todos os candidatos. A análise mais discriminadora pode ser os perfis de personalidade deles de acordo com as dimensões mais associadas aos requisitos de um CEO. A personalidade tem raízes profundas e não é fácil de mudar.

Ensinamento de Bob: *As organizações falam muito de liderança, a começar do CEO. Seja deliberado sobre as qualidades que você busca.*

Avaliação Daqueles que Têm Alto Desempenho

Minha técnica básica para avaliar o desempenho de alguém é o que eu chamo de "Marcas na Neve". São os resultados distintivos da presença de uma determinada pessoa em uma situação ou ambiente que provavelmente não teria acontecido, ou certamente não teria dado certo, se a pessoa não estivesse lá. Certas realizações que estão acima e além de um alto nível de desempenho e representam um registro de realizações distintivas.

Todas as pessoas de sucesso deixam, inevitavelmente, marcas. Elas não precisam ser numerosas, mas devem ser importantes. Não deixar marcas é sinal de fraco desempenho.

A seguir dou um exemplo pessoal da técnica de avaliação de marcas. Quando entrei na Cordiant como diretor-executivo, a empresa estava um caos. Os irmãos Saatchi & Saatchi tinham saído, a empresa tinha dívidas demais e os clientes e funcionários não sabiam se deviam sair ou ficar. No fim de meus cinco primeiros anos, deixei cinco marcas importantes na empresa.

1. Estabilizar clientes e funcionários
2. Refinanciar a empresa
3. Elaborar estratégias e desfazer a fusão
4. Contratar um CEO excepcional e bem-sucedido como meu sucessor
5. Conduzir uma fusão altamente bem-sucedida com o Publicis Groupe

Em média, foi uma grande realização a cada ano.

Como indicado, uma de minhas pegadas na Saatchi & Saatchi foi contratar Kevin Roberts como meu sucessor e CEO mundial. Na ocasião de seu décimo ano na empresa, mandei-lhe uma carta cumprimentando-o por esse marco e citei dez de suas marcas notáveis. Elas focalizavam aumentos distintivos na receita, a construção da organização, liderança de ideias e assegurar novos negócios. É interessante que as marcas de Kevin também consistiram, em média, de uma grande realização por ano.

Ensinamento de Bob: *Aqueles que têm alto desempenho são identificados por suas "Marcas na Neve". Quanto maiores e distintas forem, maior o impacto causado por elas.*

Avaliando o Diretor-Executivo

Como presidente-executivo da Saatchi & Saatchi, era minha responsabilidade avaliar o diretor-executivo e comunicar isso ao conselho de diretoria. A fim de fornecer mais do que uma simples avaliação pessoal, usava duas publicações. A primeira era o "Guidelines for CEO Performance" (Diretrizes para o Desempenho do CEO), publicado pela National Association of Corporate Directors. A segunda era um artigo publicado na edição de 21 de junho de 1999 na revista *Fortune*, que descrevia as características dos CEOS destacados *versus* as dos medíocres. Eu usava o quadro do CEO destacado para minha avaliação.

A National Association of Corporate Directors sugere oito áreas para análise:

1. Liderança
2. Planejamento estratégico
3. Resultados financeiros
4. Planejamento de sucessão
5. Recursos humanos
6. Comunicações
7. Relações externas
8. Relações da diretoria

Em minha opinião, liderança, resultados financeiros, comunicações e relações externas são as áreas mais importantes.

O diretor-executivo é o líder da organização. Sem liderança excepcional, não há equipe. Este é o primeiro pré-requisito para um CEO. O segundo são os resultados financeiros, porque para um CEO muito bem-sucedido, "a grana para aqui" é uma asserção literal. Os investidores não estão interessados em explicações, exigem soluções e resultados. O terceiro critério são as comunicações. Estas devem ser feitas com perfeição internamente, para unir a organização. Devem ser feitas com perfeição externamente, para ganhar o reconhecimento e suporte que a empresa merece. Para o público, o CEO é a empresa.

O artigo da *Fortune* enumerava as seguintes características associadas a CEOs superiores:

1. Integridade, maturidade e energia
2. Tino para os negócios
3. Perspicácia para lidar com pessoas
4. Senso para lidar com o ambiente organizacional
5. Curiosidade, capacidade intelectual e mentalidade global
6. Julgamento superior
7. Um apetite insaciável para realização e resultados
8. Motivação poderosa para crescer e converter a aprendizagem em prática

Destas oito, as quatro últimas são as mais importantes. As quatro primeiras são a taxa obrigatória para ser "membro do clube".

Curiosidade, capacidade intelectual e uma mentalidade global representam três excelentes fundamentos para um CEO. Gosto particularmente da capacidade intelectual como um ponto de partida. Não há nada como uma excelente capacidade intelectual como ativo diferenciado. Para que o CEO tenha sucesso, no entanto, deve ser complementado por outros atributos. Os cérebros, sozinhos, não o levam lá.

O julgamento refinado complementa a capacidade intelectual, principalmente quando ela combina experiência, orientação, bom senso e prática.

Um apetite insaciável para realização e resultados é importante porque esse é o destino de um CEO. É um tipo de trabalho relativo "ao que você tem feito por mim ultimamente". Lembre-se, o DNA de um investidor é a impaciência.

Finalmente, uma forte motivação para crescer e converter a aprendizagem em prática é importante porque um CEO deve estar afinado com os tempos em mudança, pronto para se adaptar rapidamente e conduzir bravamente sua organização para o novo mundo, conforme surge a cada dia. Capacidade de se adaptar e flexibilidade são características necessárias.

Há duas outras características que um CEO deve ter. A primeira é a capacidade de integrar contribuições vindas de várias funções para o benefício da empresa. A sala do CEO é, de fato, o lugar onde "tudo se junta".

A segunda é o otimismo – ver oportunidade e vantagem onde ninguém vê, e aproveitá-la para que a empresa seja vencedora. A maioria das pessoas prefere trabalhar em uma empresa bem-sucedida e não mediana ou fracassada. Ser otimista nos negócios é ser brutalmente realista e, no entanto, determinado a superar obstáculos. Toda organização tem pessoas otimistas que podem gerenciar riscos e otimizar resultados. É função do diretor-executivo desencadear essa energia.

Ensinamento de Bob: *Avaliar o CEO é uma tarefa multifacetada. Com a liderança a começar de cima, o CEO deve ter o melhor desempenho da empresa.*

O que os Vencedores Aprendem quando Perdem

Red Auerbach e Woody Hayes foram vencedores, mas mesmo o melhor de nós enfrenta derrotas ocasionais. As questões principais são: "Como você vai lidar com a derrota?" e "O que fará daí pra frente?". Red e Woody esclarecem sobre o assunto.

Red Auerbach disse: "As pessoas que procuram sempre razões para não vencer acabam tornando a derrota aceitável".

E o conselho de Woody Hayes foi: "Procure 'jogar limpo' quando é vencido".

Red preocupava-se com pessoas que dão desculpas e atribuem a derrota a forças externas como os juízes, os fãs ou o horário de viagem. Para ele, esses fatores sempre estiveram presentes em ambos os lados; por isso, ele nunca dava desculpas. Ele simplesmente dizia: "Fomos derrotados", e então ia corrigir o problema.

Em negócios existe um fenômeno parecido. Há aquelas pessoas que gastam muito tempo explicando as razões para seu fraco desempenho. Contanto que tenham uma explicação, parecem achar que é aceitável ter um desempenho abaixo das expectativas.

Em contrapartida, há outros que reagem quando o desempenho está abaixo do plano, identificando causas subjacentes e propondo soluções para retomar o plano. Prefiro trabalhar com este último grupo, e não com o anterior!

O grupo que toma a iniciativa de propor soluções para retomar o plano é formado pelas pessoas que, no final, serão as vencedoras.

Woody via a derrota como um choque para o sistema. Ele odiava perder e quando isso acontecia, significava que algo estava errado e tinha de ser identificado, corrigido e resolvido.

Novamente, o mesmo acontece nos negócios. Quando as coisas não vão bem, até que você consiga colocar as cartas na mesa, não importa o quanto sejam ruins, não terá condições de resolvê-la. Uma das coisas que eu tento fazer como presidente é assegurar que começaremos com uma avaliação aberta, honesta e franca da situação, e então partirei desse pressuposto. É assim que se atinge o que Woody chamava de "jogar limpo".

Ensinamento de Bob: *Não procure desculpas ao ter um desempenho fraco. Procure as razões de modo que você possa evitar que isso ocorra novamente.*

Adote uma Postura Impecável

Quando a General Foods me transferiu para Washington, D.C., em 1970 como gerente distrital de vendas, sabíamos que iríamos ficar ali por um tempo limitado, então Sarah e eu costumávamos colocar nossos filhos no carro todo fim de semana e saíamos para conhecer o local.

Um de nossos passatempos preferidos era visitar locais de batalha da Guerra Civil Americana – Bull Run, Fredericksburg, Antietam e Gettysburg. Não sou militar, mas uma das coisas que se aprende em visitas a esses locais de batalha é o princípio de "ocupar as terras altas".

Isto também se aplica aos negócios, embora, com muita frequência, seja a postura moral impecável, exemplificada por princípios, valores e crenças sólidos que, no final, sai vencedora. Em tempos de ações desonestas em corporações, como temos visto com a Enron e a WorldCom, este nem sempre parece ser o caso. Mas a história mostrará que essas empresas representam desvios negativos e suas práticas não são vistas como a base para o sucesso no longo prazo.

Levei esse princípio para a Saatchi & Saatchi no Dia dos Namorados (Valentine's Day, 14 de fevereiro) de 2005. Funcionários de nosso escritório em Nova York saíram e pensaram que poderiam levar clientes muito importantes para outra agência e se beneficiar pessoalmente com isso. Não seria a primeira vez na história da propaganda que tal situação ocorrera, e a imprensa se pôs a prever que esse cenário provavelmente seria o nosso caso. Porém, revelou-se não ser – nem de longe.

A Saatchi & Saatchi ficou com os clientes, e eles permaneceram conosco até hoje. A simples razão para isso, além do fato de termos um relacionamento antigo e termos feito um excelente trabalho, foi que nessa situação adotamos uma postura moral impecável. O cliente demonstrou a máxima integridade e reconheceu que não fizemos nada para causar aquela situação. Nós e eles teríamos sido vítimas dos interesses próprios de alguém que, claramente, não trabalharia para a vantagem do cliente no longo prazo, e eles não permitiram que isso ocorresse.

Ensinamento de Bob: *Construa suas relações profissionais com base na integridade, apoiada por princípios, valores e crenças sólidos.*

Você Recebe o que Espera

Outro ponto importante que Woody Hayes ressaltou para nosso grupo na General Foods foi: "Espere muito de seu pessoal. Eles chegarão lá". Para Woody, isto significava que cada nova equipe seguiria a tradição de uma longa linha de vencedores. Eles esperavam vencer a temporada, esperavam vencer o campeonato dos Big Ten, esperavam ir para o Rose Bowl e disputar o título nacional.

Para ajudá-lo a estabelecer essas expectativas, Woody tinha as maiores jogadas de suas melhores equipes filmadas. Imagine-se como um jogador inexperiente lá no fundo, em uma reunião de equipe. O filme entra e Woody está narrando, dizendo coisas como: "Vejam essa jogada. É uma das melhores jogadas de todos os tempos. É um Hop-a-long Cassidy[2]. Ele foi vencedor do Heisman Trophy. Vocês podem correr assim. Podem fazer isso também".

Usando a motivação e o incentivo para criar a expectativa de indivíduos trabalhando com o objetivo de alcançar o desempenho máximo tanto pessoal quanto de equipe, Woody programava as sessões de prática e treinamento para tirar o melhor de cada jogador.

Aparentemente, a técnica funcionava muito bem porque ele foi o técnico de 56 All-Americans, e ganhou três vezes o Heisman Trophy.

As palavras de Woody me motivaram a realizar uma das melhores apresentações que já fiz. Foi no Conselho Gerencial da Divisão de Maxwell House, um fórum com aproximadamente 75 dos melhores profissionais na divisão, vindos de todas as áreas funcionais. Reuníamos esse grupo várias vezes por ano para analisar os resultados de negócios, estratégias, planos futuros e expectativas gerais. Nossa visão era ser "A Melhor Empresa de Café".

---

[2] Personagem criado em 1904 por Clarence E. Mulford. É um caubói típico, grosseiro, valente, durão, destemido, que protagonizou vinte e oito romances do autor. (N. T.)

Encerrei minha fala oferecendo uma lembrança simbólica da reunião. Era um espelho com nossa visão estampada "A Melhor Empresa de Café" e com o logo da Maxwell House. Pedi a cada um deles para pendurar o espelho em um lugar visível em casa ou no escritório, e para olharem para ele no fim de cada dia e se perguntarem: "O que eu fiz hoje para ajudar a Maxwell House a se tornar A Melhor Empresa de Café?". Se a resposta fosse "nada", então eles teriam muito trabalho a fazer no dia seguinte.

Ensinamento de Bob: *Estabeleça uma expectativa para seus funcionários serem os melhores no que fazem e assegure que eles terão tudo o que precisarem para fazer acontecer.*

"Não Diga, Pergunte"

Duas lendas dos esportes que se reuniram conosco na General Foods deram conselhos parecidos. Red Auerbach disse: "Não diga às pessoas para fazerem coisas, peça". Jack Twyman foi além ao dizer: "Não faça aos outros pedidos que você não está preparado para atender".

Este conselho certamente é relevante para mim em minha função atual, que envolve oferecer conselho, orientação e perspectiva. Não "digo" nada às pessoas. Peço a elas para ouvirem o que eu tenho a dizer, para depois decidirem o que fazer por conta própria.

Os princípios Auerbach-Twyman também se aplicam a executivos da linha operacional. Você não pode fazer o trabalho sozinho, por isso precisa delegar responsabilidades e as pessoas precisam se responsabilizar por suas ações. É muito mais provável que elas reajam de um modo positivo se você pedir, em vez de dizer o que quer que seja feito.

Ao mesmo tempo, aplicar o princípio Twyman de "Não faça aos outros pedidos que você não está preparado para atender" sem dúvida aumenta a legitimidade de suas solicitações.

Para ilustrar, em agosto de 1976, eu me tornei gerente da Unidade Estratégica de Negócios de Bebidas na General Foods. Eu não estava lá quando foi criada a ideia, mas durante minha gestão introduzimos o Country Time, um pó para limonada, em todo o país. Foi um sucesso imediato. Em um dia quente de verão não há nada que mate sua sede como um copo de limonada gelada. Por isso, Country Time atendeu a uma necessidade real, embora sazonal, do consumidor.

Vários anos depois, voltei à Divisão de Bebidas como chefe do Setor de Conveniência de Alimentos Embalados. Nesse intervalo, seguindo a recomendação de uma consultoria, a empresa tinha instalado um sistema de classificação para suas marcas. A Classe I era "Crescer", a Classe II era "Manter" e a Classe III era "Retirar". Eu nunca fui fã do sistema de classificação. Acreditava que era preciso ter uma atitude de desenvolver todas as marcas nos negócios. Palavras como "Manter" e "Retirar" em nossos negócios eram realmente "escorregadias".

De qualquer modo, convoquei uma reunião para analisar o negócio de bebidas e um novo gerente de produto da marca me disse que o Country Time tinha sido colocado na Classe III – Retirar. Eu não acreditei no que ouvi! Não existia uma bebida em pó com sabor de limonada realmente competitiva, e ainda não existia nada que matasse mais a sede em um dia quente de verão.

Não aceitei a justificativa do gerente de produto, e pedi que o Country Time recebesse apoio e crescesse. Então ele começou a me dar todas as razões para isso não ser feito. Simplesmente eu disse: "Bom, vou tirar o Country Time da divisão, arranjar um gerente de marca e eu mesmo farei isso em meu tempo livre" (apesar de não ter tempo nenhum).

A reunião ficou realmente tumultuada. A ideia de um vice-presidente de grupo gerenciar uma marca como algo adicional, fora de seu escritório, era demais. Os gerentes de divisão começaram a se apresentar como voluntários para a tarefa, mas só porque perceberam que eu falava sério e eu mesmo faria isso.

Sabe o que aconteceu? O Country Time foi lançado novamente com enorme sucesso e, como corolário, fiz uma exposição significativa sobre a importância do crescimento e do senso comum com o grupo.

Ensinamento de Bob: *Pedir para as pessoas fazerem o que elas sabem que você está preparado para fazer pode ter uma força transformadora.*

Tentar e Conseguir

No Setor de Alimentos de Conveniência Embalados da General Foods, havia quatro divisões operacionais – bebidas, sobremesas, refeições e alimentos congelados Birds-Eye. Entrei nos negócios em um momento em que as receitas anuais superavam 2,5 bilhões de dólares, mas o crescimento tinha estagnado e estava afetando o lucro.

Convoquei uma reunião e distribuí três folhas de papel para cada chefe de divisão. A primeira dizia: "Tentar e Conseguir". A segunda dizia: "Tentar e Fracassar". A terceira dizia: "Não Tentar e, portanto, Não Fracassar".

Uma vez que provavelmente todos nós podíamos concordar que a frase na primeira folha de papel era a mais valorizada, eu queria saber qual das duas outras folhas era mais valorizada nas divisões deles. Para minha surpresa e frustração, a maioria disse: "Não Tentar e, portanto, Não Fracassar". Agora, eu sabia que tínhamos um grande problema.

Para ter sucesso nos negócios, é preciso aceitar que o fracasso periódico de um bom esforço faz parte do negócio. Não se pode punir o fracasso. De fato, é preciso valorizá-lo como parte do aprendizado e processo de desenvolvimento. Esta é a única maneira de obter êxito.

Colocamos as coisas nos trilhos nos Alimentos de Conveniência Embalados, deixando claro que considerávamos o crescimento fundamental, e víamos o fracasso ocasional simplesmente como um subproduto valorizado de se tentar e conseguir.

Ensinamento de Bob: *Certifique-se de que o medo do fracasso não está impedindo sua organização de tentar e conseguir.*

Delegar – A Arte de Ceder e Controlar

Quando a carreira avança, suas responsabilidades aumentam e você depende cada vez mais dos outros para fazer o trabalho. Você se torna a pessoa que dá as direções e, embora possa ser quem aprova as iniciativas principais, o talento de conduzir a infinidade de atividades exigidas para a excelência na execução e produzir bons resultados está dentro da organização. Por isso, é importante pensar com cautela em como e a quem atribuir responsabilidades.

Desde o início, você deve considerar vários princípios. O primeiro deles é a clareza. As responsabilidades deveriam estar absolutamente claras para a pessoa envolvida e também para a organização de modo geral. Desse modo, todos sabem quem é o responsável e, portanto, a pessoa "a quem se deve procurar".

Um segundo princípio a considerar é o foco. Para toda atividade ou atribuição realmente importante, gosto de ter alguém que dedique essencialmente todo o seu tempo naquela tarefa. Assim não haverá acusações nem "empurra-empurra".

Uma terceira consideração é o escopo. Em minha experiência, é importante não ampliar demais as incumbências das pessoas. Indivíduos altamente motivados em geral querem responsabilidades maiores, mas se não há estruturas de suporte adequadas, esta pode se tornar uma profecia do fracasso. A pessoa acaba executando bem uma atividade à custa de outro projeto que será mal executado.

Uma coisa que eu sempre temo é o que as pessoas chamam de "responsabilidades partilhadas". Esta, em geral, é uma fórmula de gerenciamento por comitê, uma abordagem em que ninguém está realmente no comando.

Outra razão pela qual é importante se designarem responsabilidades com clareza é que elas representam a base para avaliar, reconhecer e remunerar as pessoas. Sem essa clareza, é difícil determinar as ações de salário e a base para promoções.

Tenho um teste para determinar se as responsabilidades estão sendo atribuídas claramente na organização. Quando vou me deitar à noite, gosto de ser capaz de nominar com clareza a pessoa responsável por cada um dos projetos que estão sendo executados. Se consigo fazer isso, adormeço imediatamente. Se não consigo, isto significa que terei uma noite insone pensando em como resolver isso o mais rápido possível.

Ensinamento de Bob: *Quando suas próprias responsabilidades se ampliam, atribuir responsabilidades claramente é a forma de realizar as coisas.*

Como os Líderes Devem se Envolver nas Decisões

A maioria das organizações tem níveis de aprovação que em geral exigem que os projetos importantes sejam aprovados pelo chefe. Se você for essa pessoa, todas as decisões importantes acabarão passando por sua mesa. Mas, cuidado, esperar até que o processo chegue nesse ponto o deixará em posição de "pegar ou largar", e você não usará adequadamente os recursos que dispõe para auxiliar o processo.

Prefiro estar envolvido em três etapas. A primeira consiste na concepção da ideia. Ao me envolver nesse ponto tenho a oportunidade de captar a ideia na tela do meu radar, assegurar que a amplitude da exploração seja suficientemente ampla, e garantir que ela tenha os recursos adequados. Durante essa etapa, a organização vai trabalhar explorando uma série de alternativas para gerar a fruição da ideia.

A segunda etapa em que eu quero estar envolvido é o que eu chamo de "eliminação", o ponto em que a maioria das alternativas é descartada e a equipe começa a focalizar em um único curso de ação. É a etapa mais importante na tomada de decisão porque é a hora em que eu posso entender os prós e contras de todas as alternativas e assegurar que as escolhas certas estão sendo feitas. Uma vez passada essa etapa, os esforços da organização devem ser totalmente focalizados na alternativa escolhida.

A etapa final – aprovação – deve acontecer de modo natural e suave, se todos estiveram de acordo na segunda etapa. A ênfase na reunião final de aprovação não precisa ser na escolha estratégica, mas na excelência na execução.

Ensinamento de Bob: *Não espere até chegar a etapa de aprovação, que exige uma decisão do tipo "pegar ou largar". Envolva-se de modo a maximizar sua capacidade de ajudar.*

Vá para Casa e Durma como um Bebê

Dirigir um empreendimento internacional é uma tarefa complicada. Você está na sede e suas unidades estão espalhadas pelo mundo. Você faz visitas periódicas para ver pessoalmente o que está acontecendo, mas estas acabam sendo, inevitavelmente, eventos programados. Todos sabem que você está chegando, é estabelecida uma pauta e todos trabalham muito para impressionar.

Com mais frequência, as coisas vão muito bem enquanto você está lá. Os funcionários fazem hora extra para os preparativos (a tinta na parede pode estar fresca). Então, como fazer uma avaliação da situação real?

Descobri duas coisas que ajudam. A primeira é que você precisa atribuir um formato para qualquer análise de negócio que lhe garanta poder avaliar claramente os dados reais da situação. Gosto de ver resultados para o ano corrente no contexto de um histórico de três anos, e solicito que qualquer análise inclua medidas externas como tendências de mercado, participação de mercado e resultados do concorrente.

A segunda coisa é que, ao me despedir da equipe gerencial, faço as indagações que costumo fazer a mim mesmo. É algo assim: "Estive aqui por dois, três dias. As coisas foram bem, mas durante os outros 362 dias do ano, o que acontece aqui estará nas mãos das pessoas de quem eu estou me despedindo agora. Podemos confiar em que elas formam a equipe que nos levará à vitória?".

Se a resposta a essa pergunta for "sim", então eu posso voar para casa e dormir como um bebê. Se a resposta for "não", então noites de insônia me aguardarão até que eu coloque uma equipe de minha confiança.

Ensinamento de Bob: *Em visitas, analise os dados para validar sua confiança na equipe gerencial. Se as coisas não estiverem certas, faça mudanças.*

Às Vezes É Preciso Demitir

Durante minha gestão na General Foods, tive três reuniões da equipe fora da empresa com palestrantes convidados do mundo dos esportes que se tornaram lendários em seu tempo – Woody Hayes, Red Auerbach e Jack Twyman.

A premissa era que, como vencedores, esses homens tinham valores, crenças e princípios que podiam ser transferidos para o nosso mundo dos negócios. Individualmente, eles davam bons conselhos em muitos assuntos. Mas, sobre um tópico em particular, eles eram unânimes – para formar uma grande equipe, é preciso selecionar pessoas com cuidado e remover decisivamente aqueles que não são aprovados.

Woody Hayes: "Afaste os jogadores que não tiverem bom desempenho".
Red Auerbach: "Não deixe as coisas se deteriorarem – elas irão se multiplicar".
Jack Twyman: "Fique com o time certo. Se alguém
não se enquadrar, livre-se dele".

Woody era tão bom para selecionar que só precisou afastar três jogadores em 28 anos.

Um de meus maiores erros em gestão de pessoal foi negligenciar a demissão de uma pessoa a quem eu tinha herdado, mas que obviamente não estava dando certo. Ele não era um bom integrante da equipe, nem exemplificava os valores, crenças e princípios que eu defendia. Eu não tomei uma iniciativa imediatamente por causa da soma substancial de rescisão, que eu achava indevida. Levou dois anos até que finalmente ele saiu. Vendo agora, teria sido melhor pagar o dinheiro e formar uma equipe forte e completa desde o início.

Aprendi uma lição importante que mais tarde apliquei em outro caso, onde participei do que mais tarde revelou ser uma contratação equivocada, o que ficou evidente depois de cinco meses. Dessa vez, engoli meu orgulho e demiti o funcionário no sexto mês. Sem dúvida, foi constrangedor reverter o processo em um período tão curto, mas isso deu espaço para um futuro produtivo, tanto para a empresa quanto para a pessoa envolvida. Como Red, eu não deixei as coisas se deteriorarem.

Quando chega a hora de demitir uma pessoa, há sempre a questão de como fazer isso. Esses funcionários geralmente sabem que estão numa situação problemática. Minha postura é ser franco e agir decisiva e justamente, cumprindo na íntegra qualquer obrigação contratual, inclusive o pagamento de indenização.

Ensinamento de Bob: *Selecione cuidadosamente os membros de sua equipe, e aja com determinação e justiça ao demitir.*

Gestão com o Lado Esquerdo do Cérebro, de Pessoas com o Lado Direito Dominante

Fui gerente internacional de bens embalados durante 28 anos, trabalhando "do lado do cliente", até me envolver com a Saatchi & Saatchi, via Cordiant, em 1995.

A Saatchi & Saatchi é uma das empresas mais criativas do mundo. Estamos constantemente entre as três melhores agências no Cannes Advertising Festival. Em 2007 nossa agência de Nova York recebeu o prêmio A Agência do Ano, em Cannes. A campanha "Every Day Matters" (Todo Dia é Importante) para a JCPenney ganhou a "Campanha de Marketing do Ano" em World Retail Awards em 2008.

Quando eu entrei na empresa, costumava receber chamadas de velhos amigos clientes que perguntavam com certo espanto: "Como você lida com todos esses profissionais da criação?". A resposta é relativamente direta se você seguir certos princípios. Veja como eu faço isso.

Primeiro, de minha experiência como cliente entendo por que as empresas contratam uma agência de propaganda – para ter acesso a profissionais da criação que usam o lado direito do cérebro para trazer inovações, ideias e comunicações estratégicas que nós, clientes com o lado esquerdo do cérebro dominante, nunca geramos por conta própria – tudo para aumentar as vendas.

Em segundo lugar, valorizo considerações vindas tanto do lado esquerdo quanto direito do cérebro; minha esposa escreveu sua tese de mestrado em Educação sobre lateralidade do cérebro. Com efeito, cheguei ao topo de uma empresa de criação com os olhos bem abertos.

Como a maioria dos profissionais, as pessoas na área de criação querem estar em um ambiente que valorize altamente seu trabalho. Na Saatchi & Saatchi, nosso sonho inspirador começa com "Ser respeitado como a incubadora de ideias de criação que mudam o mundo". Essa declaração foi escrita por nosso Conselho Mundial de Criação. É o que todos fazemos e é o tipo de ambiente do qual os profissionais da criação gostam de fazer parte.

Ao entrarem, eles querem ter liberdade para praticarem seu dom. Sentem prazer em seu trabalho. Não é um processo de fábrica. Ninguém deveria pensar que criatividade é algo fácil. Os profissionais de criação investem uma vasta quantidade de emoção e capacidade intelectual em suas ideias, e costuma-se dizer que dar origem a elas é parecido a ter um filho. Na Saatchi & Saatchi tentamos operar da maneira mais discreta possível. Há muitos princípios que todos compartilhamos, e evitamos muitos processos e procedimentos opressivos.

Os profissionais da criação querem ter apoio da diretoria. Sabem em que são bons e entendem frequentemente seus limites. Às vezes nós, que temos o lado esquerdo do cérebro dominante, conseguimos atenuar uma situação que seria bem difícil para um indivíduo com o lado direito dominante, simplesmente aliviando a pressão e reduzindo a tensão.

Os profissionais da criação gostam de ser reconhecidos e amados. Suponho que todos gostamos disso, mas os profissionais da criação parecem se valer de um quociente extra de amor. Eles também gostam de ganhar prêmios, por isso competimos agressivamente pelos melhores prêmios de propaganda do mundo para ganhar reconhecimento pelo trabalho de nossas equipes de criação.

No geral, em contraste com o que meus interlocutores perplexos às vezes me questionam, sinto que é fácil "soltar" os profissionais de criação. Você só precisa focar nos gatilhos certos.

Ensinamento de Bob: *Os profissionais de criação querem, antes de tudo, ser valorizados, apoiados, reconhecidos e queridos em um ambiente que lhes deixe praticar seu talento.*

A Obrigação do Diretor-Executivo

Uma das primeiras obrigações do diretor-executivo é assegurar a continuidade da empresa. Lembrei-me disso quando da aquisição da General Foods pela Philip Morris em 1985.

Nos meses que antecederam o evento, houve muita especulação na imprensa sobre a aquisição de uma fabricante de alimentos pela Philip Morris. Seu principal rival na época, a R. J. Reynolds, tinha adquirido a Nabisco, e muitos observadores acharam que isso iria impulsionar a Philip Morris para agir.

Quando perguntei a meu chefe na General Foods o que estava acontecendo, ele disse: "Concentre-se nos negócios. Já montamos um grupo para ver isso. Não se preocupe". Eu falei com um funcionário do departamento financeiro que fazia parte daquele grupo, e ele me disse que acreditava que não seria feita nenhuma oferta de aquisição. Ele esclareceu que seus funcionários tinham avaliado os parâmetros de aquisição por meio de critérios do retorno sobre investimento da General Foods e estes estavam muito aquém da taxa mínima de atratividade. Isso o levou a concluir que a Philip Morris não tomaria essa iniciativa.

Aquela profecia, evidentemente, não se realizou. A Philip Morris iniciou uma oferta de aquisição de ações da General Foods de vários milhões de dólares, a maior na história corporativa dos Estados Unidos fora do setor de petróleo na época, que foi concluída logo depois.

A Philip Morris foi muito elegante após a aquisição, e convidou um pequeno grupo de gerentes da General Foods de White Plains para ir à sede na cidade de Nova York discutir o que ocorreu.

Lembro de Hamish Maxwell, presidente e CEO da Philip Morris na época, segurando um exemplar da revista *Fortune* da década de 1950 e citando inúmeras organizações importantes, entre elas siderúrgicas e empresas de embalagem de carne, que desde então tinham sido deixadas de lado. Ele ressaltou: "Era minha função não permitir que isso acontecesse com a

196 LIÇÕES DE LIDERANÇA

Philip Morris". Ele usara seu imenso fluxo de caixa para diversificar seus ativos de capital para, dessa maneira, garantir a continuidade da empresa.

Posteriormente, conversei com um gerente de planejamento estratégico da Philip Morris que mostrou que eles nunca fizeram o cálculo do retorno sobre o investimento que tranquilizou o funcionário do financeiro da General Foods. Em vez disso, eles tinham caixa, podiam pagar e a aquisição não abaixou o lucro por ação. Colocando de uma forma simples, eles viram a situação geral com lentes totalmente diferentes. A motivação básica deles era dar continuidade à empresa.

Ensinamento de Bob: *Assegure a continuidade da empresa ficando em contato com o mundo à sua volta e olhando constantemente ao redor e para frente.*

CAPÍTULO 7

Construindo a Cultura por Meio da Comunicação

Uma Equipe, Um Sonho

Um dos *slogans* que acrescentamos à linguagem na Saatchi & Saatchi foi "Uma Equipe, Um Sonho". Na realidade, Kevin Roberts ouviu essas palavras pela primeira vez quando estava fazendo pesquisa para o livro *Peak Performance* (Nova York: Harper Collins, 2000). A frase foi proferida por ninguém mais que Michael Jordan sobre o espírito do Chicago Bulls.

Tomamos emprestado a frase na Saatchi & Saatchi como complemento para "Nada É Impossível". Juntas, elas definem nosso espírito. "Nada É Impossível" é uma excelente atitude, mas em si mesma também pode ser uma desculpa para o comportamento ousado, descuidado. Encoraja nossos funcionários a trabalhar juntos em nome de nossos clientes e impede que nossas várias unidades de negócio e agências degenerem em um mundo de feudos e silos.

Tornamos "Uma Equipe, Um Sonho" real por meio de uma política que diz que nenhum bônus local seja pago sem ter primeiro nossa concordância, em nível mundial. Isso prova que agimos conforme o que dizemos.

Ensinamento de Bob: *As pessoas em sua empresa precisam estar todas no mesmo barco. A prática e a filosofia "Uma Equipe, Um Sonho" tornam isso real.*

"Café da Manhã com Bob"

Quando sua empresa é adquirida por bancos de investimentos e está em fase de reviravolta, este é um momento tenso para os funcionários. Eles sabem que as coisas serão diferentes, que esse período exigirá muito esforço e haverá uma operação incerta associada a outra parte do acordo. Esse foi o ambiente que enfrentei na Kayser-Roth, que foi adquirida por uma *joint venture* entre o Blackstone Group e Wasserstein-Perella.

No meu primeiro dia na empresa, falei a todo o grupo da sede. Eu me apresentei, expus minha visão sobre a situação vigente e mostrei como procederíamos. Foi um bom começo, mas eu queria me aproximar de todos na empresa. Tendo dirigido várias organizações diferentes, eu sabia que a melhor forma de aprender sobre um empreendimento era conhecendo os funcionários.

Por isso, criamos o "Café da Manhã com Bob" – um programa pelo qual eu tomaria café com 400 pessoas, muito próximo de todos os funcionários da sede. A uma taxa de sete pessoas por vez, duas vezes por semana, eu me reuni com todos em apenas 29 semanas. Como a maioria das pessoas não conhecia o presidente e o CEO, muito menos esteve uma hora com ele, tomando café da manhã, foi algo sem precedentes.

Isso me deu a oportunidade de saber muito sobre a empresa, para criar um diálogo aberto que rompesse as barreiras, e para expor claramente o que precisávamos fazer juntos.

Eu tinha de variar o formato cada vez, porque as pessoas conversavam com seus colegas sobre o que acontecia nessas sessões, mas em geral eram assim: iniciávamos dando a volta na mesa, nos apresentando, explicando o que fazíamos, quanto tempo estávamos na empresa e contando uma história sobre nossas vidas pessoais. Eu sempre dava a largada. No aspecto pessoal, em geral eu falava de minha esposa, de nossos três filhos, nosso gato de estimação e nossos interesses por viagens e jardinagem.

202 LIÇÕES DE LIDERANÇA

Todos tinham pranchetas e lápis e eu fazia três perguntas, dando tempo para as pessoas tomarem nota a respeito do que pensavam e escreverem suas respostas. Depois de pegarmos o café na fila da cafeteria, voltávamos e falávamos sobre elas.

As três melhores perguntas eram:

1. "O que você mais gosta na empresa?"
2. "Qual é o aspecto mais importante que você gostaria de ver mudar?"
3. "Qual é o aspecto que poderíamos mudar e que o ajudaria a realizar melhor o seu trabalho?"

Eu perguntava quem se dispunha a começar e movia a discussão em torno de todos os três tópicos, assegurando que todos participassem.

Percebi que os funcionários gostavam realmente de trabalhar na Kayser-Roth. Eles estavam orgulhosos da qualidade dos produtos que a empresa fabricava. Recentemente, no entanto, eles foram mal gerenciados, muitas foram as mudanças nas estratégias e a incapacidade de atingir a excelência na execução era geral. As pessoas sabiam que a empresa precisava mudar e estavam prontas para isso. Tudo o que pediam era que a liderança colocasse a empresa na direção certa e acompanhasse seu desenvolvimento.

A maioria das ideias de aprimoramento centrava-se na necessidade de melhorar a comunicação, diminuir a burocracia e aumentar a rapidez das decisões a serem tomadas.

Encerrávamos essas sessões dando ao grupo a oportunidade de perguntar o que quisesse sobre mim, sobre a empresa, os proprietários, ou qualquer outra coisa. Até me fizeram a inevitável pergunta "prefere cueca boxer ou cavada?". As perguntas mais frequentes eram sobre as implicações da compra da empresa pelo banco de investimentos e o que provavelmente aconteceria. Eu tentava responder a cada pergunta da melhor forma possível.

No final, cada participante recebia uma caneca "Bob Had Breakfast with Me" (Bob tomou o café da manhã comigo). Sete meses depois, todos da empresa tinham uma.

Essa atividade que abrangeu toda a empresa criou um ambiente em que todos os funcionários se sentiam como um colega valorizado que estava sendo convidado a contribuir e fazer parte das soluções que precisávamos para nos tornarmos uma empresa de sucesso. Quebrou as barreiras, cortou níveis hierárquicos e construiu um diálogo aberto.

Ensinamento de Bob: *Toda pessoa em sua organização é importante para o sucesso. Quando você é o líder, viva momentos prazerosos com seu pessoal para manter-se conectado.*

Capacidade + Química = Equipe

Ao descrever como ele construiu nove equipes vencedoras de títulos no Boston Celtic NBA, Red Auerbach disse: "A primeira coisa é a capacidade; a segunda é a química".

De um lado, ele teve de recrutar os melhores jogadores e, de outro, teve de saber como organizá-los, formando uma equipe vencedora. Vamos considerar alguns dos melhores jogadores dele.

Bill Russell pode não ter alcançado os números individuais de Wilt Chamberlain, mas foi jogador da equipe e um verdadeiro campeão. John Havlicek provavelmente não tenha sido o jogador mais brilhante de seu tempo, individualmente, mas foi um jogador que todo treinador gostaria de ter em sua equipe, a longo prazo. E felizmente para Red, Larry Bird teve a distinção de ser tanto o melhor jogador quanto o melhor participante do time de seu tempo.

Em uma organização de manufatura voltada para o marketing, os gerentes de recursos funcionais que lhe dão suporte não devem apenas ser bons no exercício de sua função, mas também capazes de exercê-la do ponto de vista do marketing.

Seu gerente operacional precisa aceitar que os consumidores exigem vários tamanhos e que os varejistas esperam certos níveis de rotatividade, embora a fábrica funcionasse mais eficientemente se existissem menos tamanhos e caixas de embalagens.

Seu gerente de logística precisa entender que atender consistentemente os altos padrões de entrega de pedidos de um Walmart é uma precondição para estar na distribuição e ter sua empresa considerada como parceira nas promoções. E seu gerente de pesquisa precisa aceitar que uma tecnologia só será relevante se resultar na maior satisfação do cliente.

Tudo isso pode parecer óbvio e fazer parte da rotina. Em minha experiência, não é. Ser excelente funcionalmente e solidário com o marketing é uma combinação exigente que nem todas as pessoas, mesmo os verdadeiramente talentosos, têm em quantidade suficiente.

Então, há a parte da química. A primeira pessoa com quem sua equipe precisa ter química é você. Isto requer uma porta aberta, um diálogo contínuo e muito tempo em contato direto. Empreguei todas essas ferramentas, além de participar periodicamente de um longo almoço ou jantar fora da agência para construir relacionamentos.

Reuniões regulares de funcionários são uma maneira óbvia de construir a equipe à medida que vocês gerenciam o negócio juntos. A frequência dessas reuniões varia de acordo com as circunstâncias. Quando eu era gerente de divisão, tinha reuniões semanais. Quando era gerente de várias divisões, tinha reuniões mensais. Na Saatchi & Saatchi, reunimos nosso Conselho Diretor Executivo Mundial três vezes por ano.

Outra ferramenta para construir a química da equipe são reuniões fora, em locais desejáveis, mas adequados, feitas em torno de temas estimulantes e às vezes com palestrantes convidados. Em uma organização mundial, reuniões em várias partes do mundo expõem a equipe a diferentes ambientes de negócio e permite ao gerenciamento "mostrar a bandeira" ao mesmo tempo que estamos formando uma equipe.

Levei minha equipe executiva da Kayser-Roth para o Centro de Liderança em Criação, na Carolina do Norte, com a missão específica de todos realizarem o teste de Myers-Briggs para entender melhor quem éramos individualmente e como nos completávamos um ao outro.

Na Saatchi & Saatchi, empregamos sessões de "purposing" (definição de objetivos) tiradas do livro *Peak Performance* para ajudar a formar nossas equipes e assegurar que elas todas sigam em frente, na mesma direção. São sessões muito envolventes que nos levam às melhores respostas enquanto consolidam nosso trabalho de equipe no processo.

Ensinamento de Bob: *Formar uma excelente equipe requer obter os talentos certos e então organizá-los para atingir a química certa.*

Nada É Impossível

"Nada É Impossível" tem sido o mantra da Saatchi & Saatchi desde sua abertura. Talvez tenha sido uma frase inevitável para os dois filhos de pais iraquianos que imigraram para Londres em 1947 e construíram o que justificadamente é o nome mais famoso em propaganda. Ou, talvez tenha sido um primeiro sinal de que em 1994 os irmãos poderiam ir longe demais, e tudo começaria a declinar a partir daí.

Qualquer que seja sua origem, essas três palavras com uma força incrível – "Nada É Impossível" – definiram a atitude e o espírito de 7 mil pessoas pelo mundo a cada dia, durante mais de três décadas. Não se poderia escolher três palavras melhores.

"Nada É Impossível" diz que nenhum desafio é grande demais, nenhuma tarefa é ampla demais – podemos fazer qualquer coisa. Não importa quais sejam as barreiras – podemos superá-las. Você nos diz o problema – vamos dar uma solução. Isso nos leva a um pensamento criativo, fora de parâmetros e a nos entretermos com ideias não convencionais. Faz-nos receber bem a mudança – porque sabemos que podemos usá-la para nossa vantagem.

"Nada É Impossível" é universal, e para os funcionários da Saatchi & Saatchi é nosso modo de viver.

Adotar um mantra para sua empresa pode ser uma ferramenta poderosa. A Nike fez isso com "Just Do It". A Procter & Gamble está fazendo com "The Consumer Is Boss" – uma excelente atitude para uma fabricante de bens de consumo. Encontrar um mantra que funcione realmente para uma organização é uma tarefa desafiadora. Precisa ser curto, agradável, significativo, relevante e universal.

Ensinamento de Bob: *Mantras são ferramentas poderosas para unir e dirigir as atitudes de seus funcionários, clientes e compradores. Escolha um mantra com cuidado, porque ele lhe servirá durante décadas.*

Apaixonados, Competitivos, Incansáveis

Os irmãos Saatchi tinham três critérios para contratar. Os candidatos deveriam ser apaixonados, competitivos e incansáveis. Essas são as características que continuamos a procurar nos funcionários no mundo todo, atualmente.

Nosso negócio dá muito trabalho. É rápido, intenso, exigente e envolve muita pressão, prazos inflexíveis e em geral é o primeiro ramo a mudar. Se você quer ter um bom desempenho no setor de propaganda, precisa amar o que faz. É aí que entra a paixão. Gostamos de contratar pessoas que não gostariam de estar em nenhum outro lugar e realmente adoram o trabalho maluco que fazemos.

Nossos funcionários também precisam ser competitivos em nome de nossa empresa e dos clientes. Queremos vencedores que lutem muito contra outras agências e consultorias para conseguir novas contas, e que se identifiquem com nossos clientes e lutem por eles em suas áreas competitivas. Ganhar participação de mercado é uma medida constante de nosso progresso. Também competimos agressivamente pelos maiores prêmios internacionais e nacionais de propaganda.

Nossos funcionários precisam ser incansáveis e ousados, insatisfeitos com o *status quo*. Eles devem concordar que "Nada É Impossível". Devemos estar inovando constantemente, com novas ideias, porque uma ideia é original apenas uma vez. Precisamos olhar para frente, e não para trás. Ser incansáveis constantemente nos mantêm em primeiro lugar em nosso ramo.

Ensinamento de Bob: *Ser apaixonado, competitivo e incansável são três características-chave das pessoas em agências de criação bem-sucedidas.*

Ser Incansável, Incansável

"Incansável" é uma palavra forte e poderosa. Representa o comportamento que faz as coisas acontecerem, particularmente quando descreve uma atitude determinada e apaixonada pelos valores essenciais que nossos funcionários consideram realmente importantes; valores que são universais em sua aplicação e atemporais em caráter.

A Saatchi & Saatchi tem uma agência chamada Team One (Equipe Um) em Los Angeles que desenvolve toda a publicidade para o Lexus, da Toyota. Dezoito anos atrás, eles desenvolveram uma frase que terminava os comerciais do Lexus dizendo: "A Perseguição Incansável da Perfeição". A filosofia do Lexus exige que eles façam cada aspecto de cada carro melhor do que o anterior, sempre. Isso significa não só desafiar continuamente os padrões de sua própria empresa, mas também reinventar e superar os padrões da indústria. Além de ser aplicado à fabricação, estende-se ao serviço de atendimento ao cliente. Esse comportamento incansável tem produzido resultados incríveis nos negócios. Em 2007, eles venderam aproximadamente 320 mil veículos nos Estados Unidos, mais de 400% em comparação aos dez anos anteriores. Em um mercado norte-americano brutalmente difícil, o Lexus acabou em primeiro lugar nas vendas de carros de luxo em 2008.

Kevin Roberts tem sido incansável em estabelecer Lovemarks como um novo conceito em marketing. Quando introduziu a ideia em 2000, houve céticos tanto dentro da empresa quanto no mundo dos negócios. Kevin não arredou pé, aprimorando e reforçando-a. Até hoje, produziu novos negócios importantes, uma série de livros e, de fato, uma forma totalmente nova de abordar as comunicações. Lovemarks é uma ideia que nunca desapareceu porque Kevin foi incansável ao buscar realizá-la.

A Saatchi & Saatchi pode ser incansável ao perseguir "Nada É Impossível" porque tem um caráter atemporal. Cada nova história de sucesso que

212 LIÇÕES DE LIDERANÇA

se soma à infinidade delas, que atesta a frase "Nada É Impossível", contribui para que ela perdure como filosofia corporativa.

A Procter & Gamble pode ser incansável ao declarar que "O Consumidor Manda" porque é universal em sua aplicação ao negócio. Atender às necessidades do consumidor é essencial para a empresa.

Sou incansável em começar sempre com uma avaliação aberta, honesta e franca dos fatos, pois isso representa consistentemente o melhor ponto de partida para lidar com uma situação.

Você deve saber ser incansável quanto às experiências que acumula, porque elas se tornarão a essência do que você acredita.

Ensinamento de Bob: *Persiga incansavelmente tudo o que for sua paixão.*

Quando se Fala em Comunicação, Nada É Demais

Red Auerbach e Woody Hayes diziam coisas importantes sobre comunicações.

> Red Auerbach: "Comunicação é a chave de nosso trabalho. Não apenas dizer às pessoas o que você exige, mas garantir que elas entendam".
> Woody Hayes: "Verifique a comunicação por todos os níveis hierárquicos, até chegar à execução".

A orientação de Red Auerbach é a correta para alguém que esteja em posição de comando em uma empresa. Se você quer liderar, sua capacidade para se comunicar é o principal veículo disponível para motivar as pessoas na organização. A primeira coisa que eu faço toda vez que passo por uma nova situação é me colocar diante do maior número de pessoas possível, informando quem sou, de onde venho e como planejamos proceder. Não há nada que substitua o encontro pessoal.

A segunda parte da orientação de Red é mais sutil e importante. Você não pode simplesmente contar com sessões em que comunica suas ideias aos outros. Esse pode ser o início, mas não há garantia de que seu público entenderá suas mensagens.

A outra prática que emprego em situações novas é marcar um jantar com cada membro de minha equipe executiva, não só para conhecê-los e ouvi-los, mas para assegurar que eles me entendam e saibam como eu gosto de trabalhar.

Reuniões de equipe fora da empresa são outra ferramenta para gerar uma extensa discussão, sem interrupções, sobre questões que possibilitem o entendimento. Na Kayser-Roth, eu empregava fóruns como "K-R ao vivo" e "Café da manhã com Bob" para ampliar e aprofundar minhas comunicações interpessoais.

O comentário de Woody Hayes sobre a comunicação pelos níveis hierárquicos é um complemento importante do conselho de Red Auerbach. Woody sabia que uma coisa é dizer. Outra é assegurar-se de que sua mensagem seja entendida e executada adequadamente.

É por isso que é preciso sair em campo e para fábricas locais e verificar como estão sendo interpretadas as direções da sede. Aprendi cedo como gerente distrital que a interpretação nem sempre é o que a sede pretendia. Além disso, quando você está em campo ou em uma fábrica, ser visto é um fator que ajuda. Mostra que você está atento e torna a comunicação real. Em suma, a comunicação dificilmente é excessiva; muitas oportunidades podem se perder quando a comunicação é insuficiente.

Ensinamento de Bob: *Comunique-se com frequência de diversas maneiras e assegure-se de que o que você está dizendo seja entendido e implementado adequadamente.*

"K-R ao Vivo"

O Walmart foi o maior cliente da Kayser-Roth. Fui para Bentonville, Arkansas, visitá-los em 1991, e como parte de minha visita fui convidado a participar de uma das famosas reuniões deles, chamada "Saturday Morning". Foi uma das sessões mais dinâmicas e agradáveis de que participei.

Todos os funcionários de Bentonville estavam em um grande auditório, e começaram a analisar os resultados do negócio da semana anterior. Então eles revisavam o que viria na semana seguinte com ênfase no que era necessário para garantir a excelência na execução. Isso é que é gerenciamento em tempo real!

O público fazia comentários espontaneamente ou, em alguns casos, era chamado para dar opinião. Tudo com dinamismo, num ritmo acelerado. A natureza inclusiva fazia todos se sentirem uma parte importante da organização, e certamente todos eles se sentiam e agiam como vencedores.

Ao sair da reunião, vieram-me dois pensamentos: "Queria saber o que o pessoal da Kmart está fazendo hoje de manhã" e "Como posso aplicar essa experiência à minha empresa?".

Voltei para Greensboro e iniciei o que chamamos de "K-R ao vivo". Não éramos varejistas; portanto, tínhamos uma reunião quinzenal às sextas de manhã, que não chegava a uma hora. Não tínhamos um auditório que pudesse acomodar a todos, então designamos os chefes de departamento a participarem, e nos reuníamos na cafeteria da empresa. Cada um deles voltava para seu departamento e resumia a reunião daquele dia para suas equipes. Veja a seguir a Folha 1 de Regras distribuída na primeira sessão:

Regras de Reunião de "Saturday Morning" na "Kayser-Roth ao vivo"

Regra 1. Compareça... Se Não Puder, Designe Alguém de Sua Equipe para Cobri-lo.

Regra 2. Traga Seus Olhos, Ouvidos e Cérebro – Não É Exigida Preparação Além do Conhecimento de Seu Trabalho ou Algo que Você Gostaria de Compartilhar.

Regra 3. Participe... E/Ou, Pedirei sua Participação.

Regra 4. Volte para Seu Departamento e Comunique – Você Deve Coordenar uma Reunião de Departamento no Final do Mesmo Dia.

Desenvolvi um esquema para essas reuniões, mas em geral concentrávamos nos resultados, tópicos e próximos eventos. As reuniões aprimoraram acentuadamente nossas comunicações e asseguraram que todos soubessem o que estava acontecendo. Mais que nunca, eles se sentiam uma parte importante da equipe corporativa. Um fator importante para o sucesso de uma reunião era mantê-la espontânea, com um ritmo rápido e alto nível de participação.

Ensinamento de Bob: *Não há substituto para reuniões frequentes e em tempo real, para fazer todos sentirem que fazem parte de uma equipe vencedora.*

Repetir uma Coisa Boa É uma Boa Coisa

Quando eu era gerente de produto, uma de minhas responsabilidades era trabalhar com a agência de propaganda, desenvolvendo planos de mídia. Avaliávamos o alcance e a frequência de nossas comunicações – quantas famílias atingíamos em um período de quatro semanas e com que frequência os alcançávamos?

Também empregávamos o conceito de "alcance efetivo", que definimos como a necessidade de alcançar pessoas pelo menos três vezes em um período de quatro semanas, se quiséssemos comunicar nossa mensagem efetivamente.

Eu sempre tinha em mente o conceito de alcance efetivo, que traduzo assim: "Nunca tema repetir uma coisa boa". Com muita frequência, as pessoas expõem uma opinião; elas acham que todo mundo entendeu; então relutam em se repetir. Na verdade, quanto mais importante for a mensagem, maior a frequência com que você deveria repeti-la, disseminá-la e divulgá-la.

Isso se aplica principalmente à visão ou ao sonho inspirador que você tem para sua empresa. Embora você possa pensar que todos sabem disso, a realidade é que dada a rotatividade de funcionários e o crescimento em um empreendimento dinâmico, todo tempo que você se reúne com um grupo, é provável que 20% das pessoas estejam o vendo e ouvindo pela primeira vez. Também, ouvir diretamente de você como o líder e ser capaz de perceber sua convicção ajuda a tornar a mensagem clara.

Quando eu viajo para vários países representando a Saatchi & Saatchi, incluo nosso sonho inspirador em todos os comentários que faço para nossas organizações. Ele representa a essência do que a empresa é. Eu também o repetia toda vez que me encontrava com analistas de títulos e investidores, porque era nisso que eles estavam investindo.

Como presidente da Saatchi & Saatchi, passo a maior parte do tempo dando o que eu chamo de "conselho, orientação e perspectiva". Inevitavel-

218 LIÇÕES DE LIDERANÇA

mente, estes se baseiam nos ensinamentos coletados que você está lendo e representam ideias que eu tenho repetido a vida toda.

Ensinamento de Bob: *Quando a mensagem é importante, jamais tenha receio de repeti-la. As pessoas raramente a retêm logo da primeira vez.*

Cunhe Seu Próprio Acrônimo

Como parte do desenvolvimento de nossa estratégia na Kayser-Roth, Jane Martin, a gerente de nosso Processo de Qualidade Total, me perguntou o tipo de ambiente para os funcionários que queríamos ter na empresa. Eu lhe disse que valorizava um ambiente que incluísse comunicações abertas, honestas e francas, em uma atmosfera caracterizada pela integridade e respeito mútuo pelas visões uns dos outros. A resposta dela foi: "Se é isso que você quer, então temos de dizer a todos e fazer disso parte de nossa estratégia".

Ela começou e cunhou o acrônimo OHCCIMR (pronunciado ock-simmer), usando a primeira letra de cada uma das palavras-chave – Open, Honest, Candid Communications, Integrity e Mutual Respect (respectivamente, Comunicações Abertas, Honestas, Francas, Integridade e Respeito Mútuo). Fizemos o *merchandising* do termo em toda a empresa por meio de um programa de comunicações que informou a todos o que valorizávamos.

De um lado, a coisa toda parecia um pouco batida. De outro, se existe algo importante, você precisa informar as pessoas em uma linguagem que seja entendida universalmente.

Não há nada mais importante do que começar com comunicações abertas, honestas e francas e, pessoalmente, não tolero situações em que isso não é feito com integridade e respeito mútuo.

Ensinamento de Bob: *Informe às pessoas o que é importante para você e não tenha medo de fazer isso de um modo muito simples.*

CAPÍTULO 8

Estilo Pessoal e Espírito

Dirigir um Ford Fiesta

Sarah e eu nos casamos no fim de semana depois de nossa formatura na faculdade. Éramos apaixonados um pelo outro, no colégio, e namoramos sete anos. O casamento parecia a coisa natural a se fazer, e 40 anos depois ainda sentimos o mesmo um pelo outro!

Nossa lua de mel foi uma viagem de moto pelo Canadá e pela Nova Inglaterra. Eu me formei em Harvard, mas como faltavam apenas oito semanas no verão para iniciar minha pós-graduação, o emprego mais bem pago que eu podia ter foi como faxineiro no edifício da McGraw-Hill, em Boston. Eu precisava de dinheiro, então o aceitei e, consequentemente, fiquei especialista em limpeza e reparos.

Quando as pessoas eram promovidas na General Foods, a empresa enviava anúncios para seus jornais locais. Nosso filho de cinco anos viu o artigo relatando minha promoção na Divisão de Rações para Cães e foi para a escola no dia seguinte anunciando: "Meu pai faz comida para cachorro", com seu desenho mostrando um homem mexendo uma grande cuba do que se supunha ser o produto. O anúncio dele de minha promoção foi muito mais significativo que a cobertura do jornal local.

Em 1982, eu era vice-presidente do Grupo de Alimentos de Conveniência Embalados quando a General Foods fez uma grande festa para inaugurar sua nova sede corporativa, tipo "Taj Mahal", em Rye Brook, Nova York. A maior parte dos convidados chegou em limusines, mas eu cheguei em meu Ford Fiesta 1979.

Isso levou um dos amigos de meu filho a comentar: "Ei, pensei que seu pai fosse bem-sucedido. Por que ele tem um Fiesta?".

Como diretor-executivo na Cordiant em Londres, meu contrato incluía carro e motorista para me levar para lá e para cá no meu trabalho, e eu recusei e usava o metrô. Não existiam muitos diretores-executivos de empresas de capital aberto com sede na Inglaterra andando de metrô, mas do Green Park até Warren Street eram apenas duas estações no metrô de

Londres, e eu não gostava da ideia de alguém ficar sentado, esperando para me levar para casa.

Menciono todas essas coisas só porque acho que muitos executivos se veem operando em uma atmosfera rarefeita em que começam a perder o contato com o mundo real.

Uma das razões de meu sucesso é que eu sempre me senti tão à vontade em falar com o pessoal da fábrica quanto me sinto ao fazer parte de um grupo de executivos *seniores* em uma conferência de negócio. Nunca me esqueci de que fui criado em uma pequena cidade da Nova Inglaterra, e que me formei em uma escola pública onde a metade dos alunos foi para a faculdade.

Ensinamento de Bob: *À medida que você sobe e tem sucesso, mantenha os pés no chão, e fique em contato com o mundo real.*

Para Aprimorar seu Desempenho no Trabalho, Vá para Casa

Conseguir o equilíbrio certo entre seu trabalho e sua vida pessoal representa saber como defender seu interesse próprio quando você constrói sua carreira, porque é improvável que um executivo perturbado por problemas familiares tenha um alto desempenho no trabalho, e vice-versa.

Construir uma carreira bem-sucedida é um enorme desafio. Desenvolver continuamente uma parceria com sua esposa ou esposo e constituir uma família é igualmente assustador. De algum modo, você tem que fazer os dois. É uma situação em que as duas coisas devem ser feitas, e não se opta por uma ou outra.

Quando ocupei minha função de gestor de produto na General Foods, eu tinha uma família com três meninos pequenos em casa. Eu levava exatamente 22 minutos de casa até a empresa. Durante anos, eu saía do trabalho exatamente na hora que me permitia ir para casa e entrar bem na hora em que nosso jantar era servido. Perder esse momento era uma ocasião rara, realmente. Outras pessoas ficam no escritório até tarde da noite. Eu escolhi levar o trabalho para casa, mas só o pegava depois que a família terminava o jantar e os meninos estavam fazendo a lição de casa.

Anos mais tarde, em uma grande festa em que Sarah e eu comemoramos 60 anos, nossos três filhos fizeram uma breve homenagem à nossa família e a nós, pais, incluindo histórias engraçadas e memórias de suas infâncias em nossa casa. Um deles ressaltou que sua lembrança mais querida era que seu pai chegava em casa toda noite, para jantar com a família.

Isso me fez sentir que consegui o equilíbrio certo.

O equilíbrio que você alcançará provavelmente será diferente daquele que eu alcancei. Independentemente disso, o equilíbrio é fundamental para o sucesso da carreira e uma família feliz.

Ensinamento de Bob: *Conseguir o equilíbrio certo entre trabalho e sua vida pessoal o leva a um alto desempenho profissional.*

Fique Calmo, Tranquilo e Controlado

Descobri que dois dos fundamentos mais importantes para sobreviver nos negócios e na vida são um colete à prova de bala metafórico e uma capa à prova d'água. Você precisa deles quando momentos ou circunstâncias profundamente estressantes começam a atingi-lo e a tenacidade e a resistência extras são necessárias para ver as coisas passar.

Coloque o colete à prova de bala quando você está sendo alvejado diretamente pela mídia, pelas autoridades fiscalizadoras ou mesmo por seus parceiros ou o chefe. Ouça as críticas justas, mas rejeite as injustas. Aceite comentários que são sensatos e adequados e use o colete à prova de bala para se desviar daqueles que não são. O colete o ajuda a manter a calma e a não reagir exageradamente, o que é um erro fatal em tempos de estresse, principalmente no âmbito de negócios internacionais.

O colete à prova de bala me serviu bem no ano depois que eu entrei na Cordiant como diretor-executivo. Parecia que não importava o quanto meu desempenho fosse bom, todo artigo na imprensa comercial começava com o título: "A Cordiant PLC, sem saída" e então continuava, usando de novo a saída dos irmãos Saatchi um ano antes. Na realidade, os negócios estavam melhorando significativamente, mas levou certo tempo até que pudéssemos quebrar a síndrome das chamadas negativas. Meu colete à prova de bala me manteve seguro.

Uma capa à prova d'água é mais prática para aqueles momentos em que você faz parte de um grupo maior que está sendo criticado, mas o comentário não se aplica especificamente a você. Mas provavelmente você terá de se sentar e ouvir, mantenha a calma, pois isso também passa.

Ensinamento de Bob: *Desenvolva um colete à prova de bala e uma capa à prova d'água e não reaja excessivamente à crítica ou ao estresse.*

Uma Fórmula para o Sucesso

Minha carreira foi construída em torno do ponto de vista de um consumidor. Os primeiros 28 anos como profissional dediquei a bens de consumo e os 14 últimos ao ramo da propaganda. Criamos propaganda para empresas tecnologicamente complexas como a Toyota, mas, apesar disso, não temos que montar o carro, apenas temos que saber o que as pessoas querem dirigir e como vendê-lo a elas.

Por isso, minha fórmula para o sucesso tem sido "uma parte de cérebro, duas partes de bom senso". Quando a fórmula é invertida, geralmente contém muito raciocínio e análises indevidas que invariavelmente produzem iniciativas malsucedidas.

Essa fórmula ficou clara para mim com a minha primeira atribuição de marca – quando um fichário de 7 centímetros cheio de dados e cifras sobre a bebida instantânea para tomar no café da manhã, o START, não nos salvou do senso comum de que nosso mercado estava sendo inundado por uma safra enorme de suco de laranja natural a baixo custo.

Talvez tenha sido outra experiência na sofisticada General Foods Corporation onde nossa capacidade técnica incrível nos permitiu desenvolver uma alternativa saudável ao bacon, à base de soja, que foi esmagada por dados do senso comum: o produto parecia ser "facon" (o que lembra a palavra inglesa "fake", que significa *falso*) e tinha gosto de papelão. Não havia redução de colesterol que vendesse aquele produto, e, no entanto, a empresa trabalhou nele durante anos.

Um complemento adicional ao senso comum é a filosofia popular. É a experiência prática que não se aprende em Harvard College nem em Harvard Business School. Em vez disso, você a adquire do mundo real, à custa de muita paulada e cacetada.

Muitas análises foram feitas para explicar por que o primeiro presidente Bush perdeu a campanha de reeleição para Bill Clinton. Como o herói da *Tempestade no Deserto* pode perder para um governador que se fez de repente, vindo do Arkansas? Os entendidos de política costumam atribuir essa derrota ao fato de que ele aumentou os impostos.

Para mim, algo totalmente diferente me disse que ele perderia. Foi o dia em que ele foi filmado em um supermercado e parecia boquiaberto ao ver um *scanner* que já era usado rotineiramente há anos. Foi nesse momento em que o público norte-americano viu que ele vivia fora do mundo real, do senso comum e da filosofia popular.

Ensinamento de Bob: *Uma parte de cérebro e duas de senso comum é a fórmula certa para o sucesso de empresas ligadas ao consumidor.*

Ouça o Seu Barbeiro

Eu morava em Greensboro, Carolina do Norte, quando o primeiro presidente Bush estava se envolvendo na operação *Tempestade no Deserto*. Saddam Hussein tinha sido tirado do Kuwait, mas Bush e seus conselheiros decidiram não fazer todo o caminho até Bagdá e destituí-lo do governo. Comentei com meu barbeiro, que era libanês. Ele disse: "Ah, claro que não. A política oficial dos Estados Unidos é manter Saddam no poder. Dessa modo, os sauditas continuarão a ter medo dele e permitirão que vocês tenham bases no país deles". Lembro-me dele pensando na época: "Ei, ele pode estar certo".

Se você quer descobrir o que está acontecendo no mundo real, fale com o sujeito que está dirigindo o táxi pela cidade. Não fique remexendo a papelada no banco de trás – você pode fazer isso mais tarde. Aproveite a oportunidade para entender a opinião e o pensamento de alguém com quem você normalmente não teria a chance de se comunicar. Enquanto morava em Londres, aprendi mais sobre a vida na Inglaterra com os motoristas da empresa – Arthur, Lofty, Ray e Tom.

Quando eu trabalhava no ramo de café e passava muito tempo em aviões, costumava perguntar à pessoa sentada ao meu lado: "Qual é o melhor café que você tomou nas duas últimas semanas?". As pessoas raramente mencionavam uma marca ou um tipo de café. Em vez disso, elas invariavelmente falavam em uma ocasião em que tomaram café. Isso reforçou meu entendimento da importância do aspecto social do café e ajudou-me a explicar por que as pessoas pagariam vários dólares por uma xícara quando eram servidas em um estabelecimento de varejo, mas mudavam de marca no supermercado, por uma diferença de preço de dez centavos por pacote.

Da mesma maneira, as explicações de minha esposa Sarah de como e por que ela escolhia entre marcas competitivas me ajudaram muito e, depois, à empresa (e, às vezes, ela recorria a marcas concorrentes!).

Ensinamento de Bob: *Saia e viva a vida como consumidor. Fale de seu negócio e exponha-se à diversidade da sociedade.*

Duas Palavras que Você Deveria Evitar

Em negócios, a realidade está sujeita a variáveis que mudam sempre. O que você supõe em um momento provavelmente não seja relevante nem adequado no seguinte. "Nunca" e "sempre" são duas palavras que com frequência o levam a começar com o pé errado, e você deveria ter cuidado, evitando usá-las.

Considere isto. Quando eu era menino, havia três recordes nas pistas de atletismo que as pessoas diziam que nunca iam quebrar. Eram correr uma milha (1,6 quilômetro) em quatro minutos, saltar 2,15 metros de altura e 4,50 metros no salto com vara. Hoje, virou rotina superar esses níveis de desempenho. Até alunos da escola secundária são capazes de correr uma milha em menos de quatro minutos. As pessoas que costumavam usar a palavra "nunca" ao falarem em salto em altura e salto com vara não conseguiram antever a técnica do salto com transposição da fasquia de costas ou o uso de varas de fibra de vidro. A inovação muda frequentemente as condições vigentes.

Quando os jogadores profissionais foram selecionados para os Jogos Olímpicos, os Estados Unidos montaram o "Time dos Sonhos" de basquetebol usando jogadores da NBA capitaneados por Michael Jordan. Depois de seu primeiro desempenho fenomenal, os locutores esportivos estavam dizendo que os Estados Unidos, daquele momento em diante, ganhariam "sempre" a medalha de ouro. No entanto, durante muitos anos depois daquele sucesso, equipes norte-americanas de basquetebol com jogadores da NBA tiveram um desempenho fraco na competição internacional e mal conseguiram competir. O "Time da Redenção" finalmente voltou aos trilhos na Olimpíada de Pequim, em 2008. Resta ver o que acontecerá nos próximos anos.

Em um nível mais mundano, quando eu fui trabalhar na Maxwell House Coffee Division, na General Foods, supunha-se que embalar café instantâneo em uma jarra de vidro refratário com certeza sempre seria um sucesso. Por um tempo foi, até o dia em que todo mundo já tinha uma, e a próxima promoção ficou parada nas lojas de varejo durante semanas.

Ensinamento de Bob: *"Sempre" e "Nunca" são palavras perigosas quando se tem de fazer suposições.*

Divirta-se Enquanto Trabalha

Uma de minhas filosofias pessoais mais gratificantes e recompensadoras tem sido "Divertir-se enquanto trabalha". De fato, incluí isso na Declaração Pessoal que eu escrevi depois de ir ao Aspen Institute, e tem sido uma parte permanente de meu estilo executivo.

Várias são as razões para essa filosofia "divertir-se enquanto trabalha" ser importante para mim. A primeira delas é que ela tornou os desafios diários do trabalho muito mais prazerosos. Ela me mantém uma pessoa motivada e otimista. Honestamente, posso dizer que eu nunca tive um dia em que não tenha desejado ir trabalhar.

A segunda razão é que essa filosofia me ajudou a me tornar mais produtivo e bem-sucedido em minha carreira porque meu otimismo contagia todas pessoas que trabalham comigo. Se as pessoas gostam de trabalhar em sua organização e estar com você em reuniões e sessões de planejamento, elas ficarão mais motivadas a trabalhar e a contribuir generosamente.

Quando eu fui gerente de produto, era uma função que tinha "responsabilidade sem autoridade". Eu não podia dizer aos colegas que me davam suporte como usar o tempo deles e o que fazer. Em vez disso, eu tinha de motivá-los e ganhar o que eu chamava de minha "parcela desproporcionalmente justa" do tempo deles em minhas iniciativas de negócio. Tive sucesso porque criei um ambiente em que as pessoas gostavam de trabalhar comigo em minhas marcas.

Para se divertir, você não precisa ser um contador de piadas. Entretanto, às vezes, você precisa se esforçar para levar as coisas na esportiva. Uma grande parte disso é o seu tom de voz e a maneira como você diz as coisas. Também ajuda estar disposto a rir de si mesmo, ou dizer coisas que procuram, conscientemente, melhorar uma situação ruim.

Procure ser uma pessoa com quem todos querem colaborar, não importa o quanto os desafios sejam difíceis. Também é uma boa ideia aprender a contar histórias e ilustrar questões complexas, fazendo analogias com as quais todos possam relacioná-las.

Estar feliz em meu trabalho tem me ajudado a comandar o jogo, enquanto eu aproveito cada dia. E estar feliz é um excelente antídoto contra o esgotamento do executivo.

Ensinamento de Bob: *Se você está feliz em seu trabalho, você e sua equipe serão mais produtivos e bem-sucedidos a cada dia, e a longo prazo.*

Domine uma Língua Estrangeira, Ela o Tornará Menos Estrangeiro

Quando eu estava no ensino fundamental, estudei francês durante três anos. Minha professora era a Madame Jean Low. Ela nasceu na França e, apesar de morar tantos anos nos Estados Unidos, tinha um enorme orgulho de sua herança francesa. Aprendemos a pronúncia certa e cantávamos músicas como o hino nacional da França, *La Marseillaise*, ou canções infantis como *Sur Le pont d'Avignon*. Madame Low era uma professora maravilhosa e quando eu me candidatei à faculdade, pensei em me formar em língua francesa. Ou seja, antes de eu me apaixonar por Economia.

Como presidente e CEO da General Foods Worldwide Coffee and International Foods, comecei a viajar pelo mundo. Eu realmente não tinha usado meus conhecimentos de francês até aquele momento, mas de repente ele começou a ser útil em vários países, então eu fiz um curso de reciclagem na escola Berlitz.

Ao começar a interagir com executivos de outros países, descobri que a maioria deles era bilíngue. Em países como a Suíça, é comum encontrar executivos que falam pelo menos quatro idiomas. Em um mundo onde muitos dos negócios agora têm um escopo global, esses executivos têm uma vantagem. Não apenas por falarem várias línguas, mas por terem o entendimento multicultural que acompanha essa capacidade.

Historicamente, a maioria dos empresários norte-americanos é menos fluente em línguas e, portanto, menos afinada a diferenças culturais. Uma razão para isso é que muitos países do mundo parecem estar usando o inglês como língua universal de negócios; por isso, alguns americanos concluem facilmente – e equivocadamente – "Why brother?".

Quando da fusão da Saatchi & Saatchi PLC com o Publicis Groupe no ano de 2000, eu me tornei membro do *Conseil de Surveillance* (Conselho de Fiscalização), a diretoria francesa. O Publicis tinha feito uma aliança anterior com a Foote, Cone & Belding Advertising de Chicago e não foi

238 LIÇÕES DE LIDERANÇA

um relacionamento feliz porque a cultura do Centro-Oeste dos Estados Unidos não se mesclou muito bem com a cultura e a herança francesas.

Novo no Conselho, eu estava determinado a mudar isso. As reuniões de diretoria eram todas conduzidas em francês, apesar da tradução simultânea disponível. Eu tinha que aproveitar aquela capacidade para fins profissionais e decidi que faria minhas primeiras observações ao Conselho em francês, sendo este tanto um gesto de respeito quanto um sinal de que eu não tinha intenção de ser um "Americano Desagradável". Escrevi meus comentários em inglês, traduzi-os para o francês e pratiquei minha fala antes.

Minhas primeiras observações foram muito bem recebidas, e, de fato, tomadas como sinal de que esse novo relacionamento seria muito positivo. Madame Jean Low ficaria orgulhosa!

Hoje, o Publicis Groupe se orgulha de ser uma empresa multicultural e seu lema é: "Viva La Difference". *Viva* em espanhol, *La* em francês e *difference* em inglês.

Ensinamento de Bob: *Desenvolver conhecimentos de uma língua estrangeira é uma habilidade necessária; não deixe de complementar seu estudo com uma valorização de várias culturas.*

Plus ça Change, Plus c'est La Même Chose

"*Plus ça change, plus c'est la même chose*" significa "Quanto mais as coisas mudam, mais ficam na mesma". Esta expressão francesa é a razão para você querer construir um dossiê dos ensinamentos que você pode tirar de sua experiência pessoal.

Enquanto escrevo este livro, estava trabalhando com a Saatchi & Saatchi de uma forma ou de outra, há 14 anos – uma eternidade no ramo da propaganda. Atualmente temos 16 pessoas em nossa diretoria executiva mundial, e apenas três de nós estamos lá há uma década ou mais.

Não sei dizer quantas vezes tratamos dos mesmos assuntos à luz de circunstâncias de um determinado dia – como lidar com uma situação de um cliente ou como alcançar o equilíbrio certo entre receita, custos e lucro. Eu só posso dizer que foram muitas, muitas vezes.

Não que eu seja tolo. Simplesmente em um mundo que se move cada vez com mais rapidez, as circunstâncias e, portanto, as táticas devem continuar mudando – mas raramente os princípios básicos mudam. Com base no que eu aprendi de minha experiência própria, a natureza humana e as práticas básicas de negócio realmente não mudam muito ao longo dos anos. A noção de que "Eu já vi esse filme" lhe dá uma boa base para lidar com a maioria das questões.

À medida que você segue em frente, a capacidade de chegar a coisas do ponto de vista de seus valores, crenças e princípios, combinada com o julgamento sólido, refinado pela vivência pessoal e a experiência (sabedoria) é um bom começo.

Ensinamento de Bob: *Forme seu próprio conjunto de ensinamentos para que você mantenha seus princípios em um mundo em constante mudança.*

Seja Verdadeiro Consigo Mesmo

Quando eu estava pensando para qual faculdade eu me candidataria, meu orientador disse-me que pensar em me candidatar para a Harvard College era ridículo, mas minha mãe disse: "Quem não arrisca não petisca".

Quando eu estava pensando se deveria aceitar o cargo como diretor-executivo na Cordiant, um dos conselhos que recebi foi: "Nem chegue perto disto", mas eu achei que seria uma aventura.

Tendo essas duas situações em mente, certa vez eu procurei conselho quando a ideia de escrever um livro ficou clara para mim. Liguei para dois amigos que tinham escrito livros para me ajudarem a decidir se isso era algo que eu deveria fazer.

A primeira pessoa disse: "Não faça isto!" Ele mostrou que era preciso começar escrevendo uma proposta e então apresentá-la a um agente literário para vender a ideia do livro. Em meu caso, ele achava que era improvável que eles a comprassem, por dois motivos. O primeiro era que, para escrever um livro excelente, você tinha de ser um excelente escritor, e ele não sabia bem se eu tinha talento para tal coisa. Em segundo lugar, ele achava que para vender um livro de negócios, era preciso ser famoso, como um Jack Welch ou um Lou Gerstner, e embora eu fosse realizado, não era famoso.

Eu agradeci por sua opinião e então liguei para meu segundo conselheiro, Kevin Roberts, que é quem recebe meus conselhos e orientações há 12 anos. Kevin achou que escrever este livro seria uma excelente ideia. Ele achava que eu tinha acumulado muita sabedoria ao longo dos anos, e que as pessoas ficariam interessadas em aprender com ela. Ele também achava que o processo de fazê-lo seria pessoalmente interessante e profundamente gratificante para mim.

De fato, foi um processo que me deu energia para compilar as histórias de minha vida e a experiência que adquiri. Elas representam vivências, estratégias e táticas nos negócios e na minha vida que funcionaram para mim. Você decidirá quais delas podem lhe ser úteis agora e no futuro.

Aqui a história dá uma pequena guinada. Quando eu terminei de escrever este livro, de fato procurei um agente literário que pudesse arranjar o suporte que otimizaria suas chances de sucesso. Saber quem é você, o que você quer, ter a mente aberta e ser receptivo a mudanças são fatores essenciais para o sucesso na vida. Ninguém mais pode fazer isso por você. Nem você deveria querer que façam. As recompensas na vida e nos negócios são simplesmente maiores quando você é verdadeiro consigo mesmo.

Ensinamento de Bob: *Seja verdadeiro consigo mesmo, faça isso com satisfação, e prepare-se para arcar com os resultados.*

Agradecimentos

Quando eu decidi escrever este livro, fui ingênuo quanto à complexidade que enfrentaria. Kevin Roberts me deu apoio e me disse: "Entre em contato com Brian Sweeney".

Brian Sweeney é presidente da Sweeney Vesty, uma empresa de comunicações estratégicas; e para falar sem rodeios, sem Brian e sua equipe este livro não existiria. Eles tinham conhecimentos detalhados sobre como proceder, a começar de uma folha de papel em branco, até o projeto acabado. Eles têm minha eterna gratidão.

Um agradecimento especial a Kubé Jones-Neill, que entendeu imediatamente minha intenção e me ajudou a refinar e finalizar o texto.

Inúmeras pessoas na Saatchi & Saatchi me deram inspiração e sugestões, inclusive Kevin Roberts, Bob Isherwood, Richard Hytner, Richard Myers e Roger Kennedy.

Minha esposa, Sarah, e nossos três filhos, Perry, John e Stephen, todos me deram apoio e incentivo e toleraram os períodos aparentemente intermináveis de rascunho e reescrita.

Steve Hanselman, da Level 5 Midia, tornou-se meu agente literário e me ajudou imensamente em chegar a um excelente editor.

Matt Holt, Richard Narramore, Peter Knapp e Kim Dayman, da equipe da John Wiley, fizeram um excelente trabalho de levar o livro para o mercado.

Finalmente, há inúmeras pessoas mencionadas em todo o texto que contribuíram para minha carreira e meu potencial de acumular experiência. Sem elas, não haveria nada para escrever.

Índice Remissivo

AC Nielsen, 39, 115, 129

Adquirentes têm direitos, 89-90

Agências de propaganda:
  orçamentos, 151-152
  sucesso do cliente, 131-133

"Alcance efetivo", 217

Allied Domecq, 57, 71

Amor/Respeito, Eixo, 110

Apple, 143

Aprimoramento contínuo, 211-212

Aprovação, etapas de, 187

Arthur D. Little, 25

Aspen Institute, 11, 41

Assistentes executivos:
  e confidencialidade, 52
  como extensão do escritório,
    52
  e "execução infalível", 51
  e manutenção do registro, 52

Astronautas da Apollo, 47, 157

Ativos de uma única palavra, 15
  atribuir, 185-186
  partilhadas, 185

Auerbach, Red, 79, 175, 181, 191,
  192, 205, 214

Autoconhecimento:Badinter, Elisabeth, 79

Barron's, 141

Bates Advertising, 83-84

Bird, Larry, 205

Blackberry, 105

Blackstone Group, 12, 201

Boston Celtics, 79

Bromhead, Alison, 51

Budweiser, 21, 23

Bush, George H. W., 229-230, 231

Café da manhã com Bob, 201-203,
  213

Café, 57-58, 65-66, 71-72, 93, 99,
  103, 115-116, 123, 149, 153,
  179-180, 231, 233, 237

Calvin Klein, 75-76

Cannes Advertising Festival, 85, 193

Center for Creative Leadership, 11,
  45, 206

Centralização *versus* descentralização,
  93-95

Chamberlain, Wilt, 205

Ciclo da criatividade, 49

Clientes permanentemente enfeitiça-
  dos, 131-133

Clinton, Bill, 229-230

Clio Advertising Awards, 130

Coca-Cola Company, 119

Comece pela resposta, filosofia, 11-
  15, 63-64

Comunicações (Capítulo 7), 197-
  217

246 LIÇÕES DE LIDERANÇA

e cultura de negócios, 199

constante nos negócios, 211-212

e aprimoramento contínuo, 211-212

e características do funcionário, 209

e estratégias de negócios, 75-76

e formação de equipe, 205-207

e líderes, 213-214

e ligação do funcionário, 201-212

e mantras, 207

e valores, 219

frequência das, 213-214

repetição, 217-218

reuniões, 215-216

tempo real, 215-216

Concorrência:

ataques pela, 123-124

e participação de mercado, 139

planos de defesa contra, 123-124

entendendo a, 121

Confiança e liderança, 161-162

Conley, Peggy, 51

Consolidação, 87-88

Consumidores:

usuários frequentes, 119-120

e determinação de preços, 157-158

impacto nas operações de negócios, 119-120

pesquisa e sociedade, 231-232

ponto de vista, 229-230

Cool whip, cobertura gelada, 123

Cordiant PLC, 30, 46, 51, 57-59, 63, 67-69, 77, 83-84, 87, 193, 223, 227, 241

Country Time Lemonade, 181-182

Crítica, 227

Crystal Light, mix para bebida, 103

Cultura da empresa:

e estratégias de negócio, 99

Culturas, variadas, entendendo, 237, 238

Cummings, Judy, 51

Declaração(ões):

Declarações de sonho, 75-76, 97-98

Declarações de visão. (*Ver* Declarações de Sonho)

Declarações pessoais, 41-42

Delegação de responsabilidades, 185-186

Delta Air Lines, 107

Demissão de, 191-192

Demissões, 127-128

Demonstração de resultados, 145-146

Desempenho no trabalho:

excelência, em líderes, 169-170

falta de, em líderes, 175-176

Determinação de preços:

como aspecto fundamental em vendas, 35-36

como um dos quatro Ps, 118

e consumidores, 157-158

Os Três Cs da, 155-156

Diretores-executivos:

ÍNDICE REMISSIVO 247

áreas para revisão, 171

avaliação de desempenho, 171-173

características de, superior, 172-173

e funcionários, 201-203

e o mundo real, 223-224

e presidentes, 163-164

selecionando, 165-167

Distribuição, 35-36

e declarações pessoais, 41-42

e testes de personalidade, 45-46Embalagem, 118

"e/e" Vence "ou/ou", O 125-126

Empresas que sofreram fusão, separando, 83-84

Enron, 177

Entendimento multicultural, 237-238

Equilíbrio entre trabalho e vida pessoal, 225

e alegria, 225-236

e crítica, 227

e habilidades de língua estrangeira, 237-238

e negatividade, 227

e prazer no trabalho, 235-236

e produtividade, 235-236

e sabedoria, 239

e ser verdadeiro consigo mesmo, 241-242

e sociedade, exposição ao, 223-224, 231-232

e sucesso, fórmula para o, 229-230

ficar centrado, 223-224, 231-232

ligação com o mundo real, 223-224, 231-232

Equipe Um, 211

Escolha de carreira, 29-30, 57-59

declaração de, 75-76

e determinação de preços, 155-156

e objetivos, 73-74

e planejamento, 65-66

e planos dos 100 dias, 77

e sócios, 87-88

e sucesso, 79

e vencer, 85

em fusão de empresas , separando, 83-84

em *joint ventures*, 91-92

Estabelecendo, 73-74

para compra, 153-154

regional, 99

sonho inspirador, 73,-74, 97-98

velhas versus novas, 83-84

Estilo pessoal e espírito (Capítulo 8), 221-242

e suposições, injustificadas, 233

Estratégias de Negócio (Capítulo 3), 61-99

centralização *versus* descentralização, 93-95

comunicação das, 75-76

e cultura, 99

em negócios em declínio, 67-69

248 LIÇÕES DE LIDERANÇA

na aquisição de empresas, 89-90

Estratégias. (*Ver* Estratégias de negócio)

Estresse, 227

Executivos, negócio, 163-164. (*Ver também* Diretores-executivos; Líderes e Liderança)

avaliação de desempenho, 169-170, 171-173

escolha de carreira, 49-50

selecionando, 165-167

Filosofia da empresa, 199

Finanças e economia (Capítulo 5), 137-158

concorrência, 139

orçamentos, 149-152

retornos decrescentes, Lei dos, 141-143Formação de equipe, 199, 205-206

Fracasso, medo do, 183

Funcionários:avaliação do desempenho, 169-170

características dos, 209

criatividade, 193-194

e diretores executivos, 201-203

e expectativas do líder, 179-180

e líderes que perguntam *versus* dizem, 181-182

e sucesso, 209

e testes de personalidade, 45-46

ligação, 201-203

Fundamentos de vendas, 35-37

Furacão Katrina, 74

Gerenciamento do lado esquerdo do cérebro, 193-194

Levinson, Harry, 165-166

Levinson Institute, 11, 165

Lévy, Maurice, 749

Gerenciamento do tempo, 105

Gerenciamento versus liderança, 50

Gestão de carreira (Capítulo 2), 25-60

assistentes executivos, 51-53

autoconhecimento, 41-43, 45-46

declarações pessoais, 41-43

dedicação, 55

escolha de carreira, 29-30, 57-59

executivo sênior, 49-50

fracasso como oportunidade de aprendizagem, 47-48

fundamentos de vendas, 35-37

personalidades, entendendo, 45-46

preparação para entrevista, 31-32

recrutadores, 57-59

trabalho duro, 55

vestimenta, 33

Gestão empresarial:

comece pela resposta, filosofia, 11-15, 63-64

e coragem, 12

e o ativo de uma única palavra, 15-16

e sabedoria, 11, 15, 239

Harvard College, 19-20, 23, 223, 229, 241

ÍNDICE REMISSIVO 249

Havlicek, John, 205

Hayes, Woody, 85, 103, 117, 121, 175-176, 179, 191, 213-214

Heisman Trophy, 85, 179

Human Nature (Mêncio), 41

"Ideas Company", 79, 107

Ideias
execução das, 111
gerando, 107-108, 109-110

Incrementalismo, 79, 113-114, 142, 151

Inovação contínua, 142-143

Instinto, contando com o, 19-20

Integridade nos negócios, 177-178

Interpublic Group, 63

Irmãos Saatchi , Charles e Maurice, 57, 81, 83, 207, 209, 227

Isherwood, Bob, 97, 129-130

JCPenney, 193

Jell-O, 103, 155

Jogos Olímpicos, 233

Joint ventures, 91-92

Jordan, Michael, 199, 233

"K-R ao vivo", 213, 215-216

Kaizen, 211

Kayser-Roth Corporation, 15, 23, 45, 51, 57-58, 67-69, 75, 127, 201-202, 206, 213, 215-216, 219

Keating, Paul, 153

Ken-L Ration, 115

King Jr., Martin Luther, 41, 97

Kmart, 215

Kool-Aid, 103, 119

Kraft Foods, 95, 123

Lexus, 211

Líderes e liderança (Capítulo 6), 159-196
avaliando, 171-173
comunicação, 213-214, 219
dar ordens *versus* solicitar, 181-182
definição de, 161-162
desempenho, falta de, 175-176
diretores-executivos, 163-164, 165-167
e confiança, 161-162
e criatividade do funcionário, 193-194
e delegação, 185-186
e equipes gerenciais, 189
e funcionários, demitindo, 191-192
e ouvir, 68
e perpetuação da empresa, 195-196
e reestruturações, dez regras de, 67-69
e sucesso *versus* fracasso, 183
e tomada de decisão, 187
e valores, 219
e visitas , 189
em negócios em declínio, 67-69
excelência no desempenho, 169-170
expectativas de funcionários, 179-180
fracasso, medo do, 183

250 LIÇÕES DE LIDERANÇA

integridade, 177-178

perguntar *versus* dizer, 181-182

presidentes, 163-164

versus gerenciamento, 50

Ligação:

    com funcionários, 201-203

    com o mundo real, 223-224, 231-232

Lovemarks, 82, 109-110, 211

Low, Jean, 237, 238

Luther & Company, 69, 75

Man's Nature Is Evil (Hün Tsé), 41

Manchester, CT, 19

Mantras, 81, 207

Marlboro Man, 93-94

Martin, Jane, 219

Maxwell House, 23, 115-116, 123, 153, 179-180, 233

Memorandos, 39

Merchandising, 35-37

Microsoft, 142

Mistura para recheio Stove Top, 104, 123

Modelo de parâmetro:

    na compra, 153-154

    na determinação de preços, 155-156

Mudanças na fórmula do produto, 113-114

Musche, Dorothy, 51, 53

Myers, Richard, 15

Myers-Briggs Type Indicator

inventário de personalidade, 45-46, 206

Nabisco, 205

"Nada É Impossível", 81, 199, 207, 209, 212

"Não Diga, Pergunte", 181-182

National Association of Corporate Directors, 171

New Coke, 119

NutraSweet, 103

"O Que Há de Errado?" *versus* "O Que Está Certo?", 81-82

Objetivos, 73-74

Ogilvy & Mather, 131

OHCCIMR, 219

Omnicom, 63

Operações de Negócio (Parte 4) 10-136

    concorrência, ataques pela, 123-124

    concorrência, entendendo a, 121

    consumidores, 119-120

    demissões, 127-128

    e gerenciamento do tempo, 105-106

    e mudanças na fórmula do produto, 113-114

    e oportunidade, 103-104

    e preparação, 103-104

    e propaganda, 129-130

    e responsabilidade, 135-136

    fundamentos (quatro Ps), 117-118

    ideias, execução das, 111

ÍNDICE REMISSIVO 251

ideias, gerando, 107-108, 109-110

opostos, trabalhando com, 125-126

relações com o cliente, 131-133

Oportunidade em operações de negócio, 103-104

Opostos, trabalhando com, 125-126

Orçamentos

bottom-up, top-down, 151

em organizações de clientes, 149-150

em organizações de propaganda, 151-152

Parceiros, 87-88, 91

Peak Performance, 199, 206

Perder, aprender com, 175-176

"Permissão especial", 71-72

Perpetuação da empresa, 195-196

Pessoas com dominância do lado direito do cérebro, 193-194

Philip Morris Companies, 13, 89, 93-95, 111, 195-196

Planejamento estratégico, 65-66

Planos de 100 dias, 77, 105

Planos de defesa, elementos do, 123

Planos e planejamento, 73-74, 145-146

Posicionamento, 117-118

Preparação da entrevista, 31-32

Preparação de carreira (Capítulo 1) 17-26

escolher o caminho certo, 21-22

esperando o inesperado, 25-26

intuição, 19-20

inteligência, 23-24

Preparação, 25-26, 103-104

Price Waterhouse, 69

Processo de Qualidade Total, 75, 75, 219

Procter & Gamble, 107, 117-118, 123, 142, 136, 207, 212

Produtividade e alegria, 235-236

Propaganda boa *versus* má, 129-130

Publicis Groupe, 14, 79, 84, 87, 89-90, 136, 237-238

Quaker Oats Company, 115

Rale muito, 55

RASCI, 213-214

Recrutadores, 57-58

Relações com o cliente, 131-133

Repetição em comunicações, 217-218

Reposição de produtos nas prateleiras, 35-36

Responsabilidade, 135-136

Responsabilidades partilhadas, 185

Responsabilidades:

Retornos Decrescentes, Lei dos, 141-143

Reuniões, 215-216

Reviravolta em negócios em declínio, dez regras de, 67-69

Roberts, Kevin, 15, 81, 90, 97, 109-110, 125, 135, 136-164, 169-170, 199, 211, 241

Russell, Bill, 205

252 LIÇÕES DE LIDERANÇA

Saatchi & Saatchi, 15-16, 30, 51, 57, 59, 77, 81, 83-85, 87-89, 97, 107, 110, 125, 130-131, 132, 133, 135-136, 136, 169, 171, 177, 193-194, 199, 206, 211-212, 217-218, 237, 239

Sabedoria e negócios, 11, 15, 239

Schwarzman, Steve, 23

Seelert, Sarah, 22, 133, 193, 223, 225, 232

Senso comum, 229-230

Ser o primeiro no mercado, 115-116
  ser verdadeiro consigo mesmo, 241-242

Seraphic Society, 52-53

Smith, Adam, 157

Sociedade, exposição a, em pesquisa de consumo, 223-224, 231-232

Sonho Inspirador, 73-74, 83-84, 97-98, 194, 217
  de estratégia, 75-76
  de resultados, 145-146
  pessoais, 41-27
  Sonho, 75-76, 97-98

Spencer Stuart, 57-59

Stang, John, 25-26

START Instant Breakfast Drink, 39, 47-48, 229

Sucesso
  carreira, fórmula para, 30
  com clientes, 131-133
  e características do funcionário, 209
  e ficar centrado, 223-224

e tentar, 183
em negócios em declínio, 67-69
fórmula para, 229-230
versus fracasso, 183

Sujeitos que jogam "baixo", 147-148

Suposições, não garantidas, 233

TANG, 47

Taxas de participação de Mercado, 139

Tecnologia, uso controlado de, 105

Tentativas e sucesso, 183

Testes de personalidade, 45-46

Tetley Worldwide Tea, 57, 71

Topco Associates, 14, 51, 58, 67, 69

Toyota, 125, 132, 211, 229

Twyman, Jack, 55, 181, 191

"Uma Equipe, Um Sonho", 82, 199

Uma parte de cérebro, duas de bom senso, 229-230

União Europeia, 99

Usuários frequentes, 120-121

Valores, comunicando, 219

Vance, Mike, 161

Vencer a partir de perdas, 175-176

Vencer, constantemente, 85

Vitti, Trudy, 51, 53

Von Peterffy, George, 25-26, 33

Walmart, 68, 75, 111, 142, 205, 215

Wasserstein-Perella, 14, 201

Woodhull, Winnie, 51, 52

WorldCom, 177

WPP, 63

Zenith, Media, 83-84